Frank Lisiecki

Gedankensplitter

und Geschichten vom kleinen Wolf

Bibliografische Information der Deutschen Nationalbibliothek:
Die Deutsche Nationalbibliothek verzeichnet diese Publikation in der
Deutschen Nationalbibliografie; detaillierte bibliografische Daten sind
im Internet über http://dnb.dnb.de abrufbar.

© 2023 Frank Lisiecki

Herstellung und Verlag: BoD – Books on Demand, Norderstedt

ISBN: 978-3-7347-1061-2

Teil 1

Geschichten vom kleinen Wolf

Die Geschichte vom kleinen Wolf

Es war einmal... ein kleiner Wolf,
der fürchtete sich in seiner kleinen Höhle gar grauslich...

...es wart zu dunkel, denn die Kerzen am üppigen Kronleuchter konnten nicht mehr angezündet werden,

...es wart zu dunkel, denn die wenigen Löcher seiner Höhle, um das geschehen der Welt zu bewundern und den belebenden Sonnenschein in seine Höhle zu lassen, waren von dunklen Tüchern und Frühstücksbrettchen verhängt, die nicht mal den mutigsten Strahl der heißesten Sonne hindurch gelassen hätten

... es wart zu laut, denn es donnerte, klapperte und klickte in einem fort, wenn der unablässige Strom der Tabakverzehrer, einer nach dem anderen und nicht im Rudel, wie es der kleinen Wolf viel sinniger gefunden hätte, an seiner Höhle vorbeitrabten, wie Zombies am letzten Tage der Welt auf der Suche nach einem brauchbaren Gehirn um sich ein Festmahl zu gönnen

... es wart zu kalt, denn die extra in die Höhlendecke eingelassene Hyperdeluxaircoolingexchange - Anlage wehte nicht einen Hauch oder ein leichtes Lüftchen auf den armen kleinen Wolf sondern überhäufte ihn, einem Sturmgebläse gleich, mit kaltem, eisigen Wind!

... es wart, Nein!
An dieses Stelle wird es unserem kleinen Wolf zu bunt,
besser eines der kleinen Eichhörnchen zerfleischen oder noch
viel besser warum nicht gleich das Obereichhörnchen, dass
ihm schon so viele male versprochen hatte seine Höhle auf
den neusten Stand der Technik zu bringen, damit der Wolf
sich nicht mehr zu fürchten braucht, ohne das je etwas
passiert wäre!

Und wenn der Wolf noch nicht gestorben ist?
steht er vielleicht grade genau hinter dir -
um dir mit leisem knurren einen kleinen Hinweis zu geben,
was zu tun ist?

UND BEDENKE:
EIN WOLF KOMMT NIE ALLEIN!

denn Wölfe jagen im Rudel !!!

Neues vom kleinen Wolf

Es war dunkel!
Dunkel wie im Hühnerpopo?
Hmm, kann ich aus Mangel an entsprechender Erfahrung und Information über diese Dunkelheit nicht sagen, daher wenden Sie sich diesbezüglich bitte vertrauensvoll an einen Veterinär oder Landwirtschaftsfetischisten!

Also zurück... es war dunkel!
Dunkel oder schwarz wie die Nacht?
Die Abwesenheit von etwas und doch kein NICHTS?
Okay, okay, um das Ganze nicht zu sehr zu simplifizieren sagen wir einfach es war schwarz!

Und trotzdem war es nicht ganz so dunkel... denn am Ende der Dunkelheit leutete ein Licht!

Keine Angst ich spreche nicht vom Licht am Ende des Tunnels, denn von diesem soll man sich ja bekanntlich aus gesundheitlichen, wie aus lebenserhaltenden Maßnahmen fernhalten, sonst könnte es ja passieren, dass man wie vom ICE getroffen ganz plötzlich ganz, ganz andere Sorgen haben könnte oder eben auch gar keine mehr.

Jetzt wird's spannend... Fingernägelkau-Alarm!

Die Dunkelheit, die gar nicht so dukel war, weil, da war ja irgendwie ein Licht und trotzdem war alles irgendwie schwarz, befand sich nicht im All und auch nicht an irgend einem handgreiflichen Ort, sondern

(dramatische pause mit Trommelwirbel) tada...

ganz, ganz weit hinten in den Windungen eines Gehirns, allerdings könnte es auch einfach nur deine vereinsammte, von Spinnweben verstopfte Inbox deines Emailkontos sein? Wer weiss das schon genau?

Doch plötzlich bricht ein Sturm aus...
ein freudiges Feuerwerk sprudelnder
Buchstabenverbindungen, die sogenannten Wörter!

Ein winzig kleiner Gedanke steht da, als habe er grade die große Bühne betretten und singt uns freudig entgegen...
„Ich bin immer noch hier! In meinem Revier! War nie wirklich weg, hab mich nur hinter Karten verstekt!"[1]

Ja er ist immer noch da!
Der Wolf dem man Schmetterlingsflügel auf die Schulter klebte um ihn zu verwandeln, ist immer noch da, hatte sich nur kurz versteckt und täglich mit Karten gespielt.

Aber keine Sorge meine geschätzten kleinen und größeren Eichhörnchen...

---

[1] Frei abgeleitet aus dem Marius Müller-Westernhagen Lied „Ich bin wieder hier"

der Wolf ist noch da und hat ein Auge auf Euch, auch wenn die Laube in der ihr euch zukünftig sammeln sollt, schon zusammengeschustert und mit den neusten Errungenschaften der verkaufsförderndenoptimierungssupporttechnologie ausgestattet werden wurde, also im Klartext, unbequeme Sitze, schlechte Beleuchtung und sitzen wie die Hühner auf der Stange... wartets nur ab und ihr werdet sehen wie gemütlich es werden wird!

Der Wolf hat gesehen wie mit Tränen in den Augen die freudige Nachricht des großen Bruders von den Eichhörnchen vernommen wurde..

Freudig?

Nun ja, der große Bruder hat sich über die Nachricht gefreut!

Denn so wart es gesprochen:
„ Sehet! Wir wollen auch an Samstagen die promilliäre vorhandene Vielzahl an unschuldig in die Falle geratener Nutzer von Haushaltsgeräten durch unseren Charm, unsere Intelligenz und vor allem unserem unschlagbaren Schutz vor geldgierigen Pauschalanfahrtskostennehmern, in unsere Fänge bringen - ahem sorry! Unsere schützenden Arme um sie legen!"

Ja ja, es ist schwerlich zu verneinen das die Zeiten sich ändern, aber was ist schon Zeit?

Ein Augenblick? Ein Stundenschlag? Tausend Jahre sind ein Tag?[2]

Zeit hat etwas magisches und hat doch gleichzeitig so viele andere Seiten, denn Zeit schein einen bestimmten Wert zu haben, denn es gibt ja den Zeitwert...
Zeit kann man (oder Frau) stehlen (warum sollte es sonst Zeitdiebe geben), verschenken, vergolden und verschwenden.

Sie ist sehr beschäftigt und trotzdem frei... man denke nur an Arbeitszeit und Freizeit!
In diesem Zusammenhang hatte ich ursprünglich noch den einen oder anderen Gedanken, der mir nun nicht mehr einfällt, aber vielleicht dir meinem geneigten Leser?
Man bedenke Worte wie Urlaubszeit, Urzeit, Zeit nehmen und geben, Zeit vergeuden und gewinnen, Zeit haben – oder eben nicht haben, …. etc

Bleibt mir noch zu sagen, dass ich leider keine Zeit habe noch mehr zu schreiben, aber vielleicht werde ich sie ja irgendwie, irgendwo, irgendwann [3]finden oder bekomme sie geschenkt, zugewiesen oder geplant?

In diesem Sinne!

---

[2] Zeile aus der Titelmelodie der Kinderfernsehserie „Es war einmal der Mensch!" von Udo Jürgens

[3] Lied von Nena, geschrieben Carlo Karges und Jörn-Uwe Fahrenkrog-Petersen

Der große Zampano

Es war einmal ein großer Zampano,
welcher sich anschickte ein großes, ach was sage ich, ein größeres, ach Quatsch ein,
superkalifragelistischexpialigetische großes Stück aufführen zu lassen - versprach er doch: „Ich fliege mit Euch bis zum Mond!"
(vom Rückweg wurde nie gesprochen, frage mich warum?)

Zu diesem Zweck heuerte er einen Top-Impresario und seine zwei Dei ex Machina [4] an, welche ihm dabei halfen, eine kleine Schar von Schauspielern, die Picolinos, zu rekrutieren.

Wie in diesen Kreisen üblich zu seien scheint, musste der eine oder andere schon mal über die Planke gehen oder sprang direkt zurück in die tosenden Wellen des Nicht-Schauspielertums!

Sinn, Inhalt und Zweck des großen, oh Verzeihung, des unvorstellbaren Stücks des Zampanos, blieben bisher noch weitestgehend unerforscht; ließ der Große Zampano sich doch steht's neue Akte und Textänderungen einfallen, um die Picolinos zu verwirren und/oder auch völlig durchdrehen zu lassen.

Also sicherlich nicht verwunderlich das Tag für Tag die sogenannte Confusionsrate von bedeutender Rolle war; ein Gradmesser des Erfolgs der Picolinos oder ihrer Verwirrung?

---

4 unerwarteter, im richtigen Moment auftauchender Helfer in einer Notlage; überraschende, unerwartete Lösung einer Schwierigkeit

Glücklicherweise gelang es dem einen oder anderen Picolino in regelmäßigen Abständen die Fallstricke der nonverbalen Kommunikation überlistend, in regelgerechte Kommunikationsakrobatik verfallend, kleine und merkwürdig aussehende Schriftzeichen an die Tafel zu zaubern, was wiederum beim Impresario, seinen Helferlein und letztendlich sogar beim Zampano freudestrahlendes Lächeln verursachte!

Nun möchte ich dich lieber Leser, nicht gar vergraulen und langweilen, sehe ich doch schon das stöhnen in deinen blutrotunterlaufenen Augen, aber glaube es oder nicht, mir ist es unter Aufbietung aller Willenskraft und Überwindung der letzten Fluchtreflexe, gelungen einen Blick auf das Manuskript des großen Zampano zu werfen,

Ta da!!!

...nun wie soll ich es sagen? Am besten erwarten se nix!
Es wird alles besser - oder bleibt wie es is'!
Und wenn nicht, dann kann's ja nur noch ... werden!

In diesem Sinne!
Schönen Tag!

Mit Wölfen durch die weiten des Weltraums

Der Weltraum! Endliche Weiten [5] (denn Platz ist rar)!

Ein Raum in dem die unterschiedlichsten Kreaturen zu finden sind:

Von blutrünstigen Mücken, die lieber ihre Opfer scannen, satt sie ordnungsgemäß zu stechen, über fleißige Waischjas, welche ahnungslosen Gewerbetreibenden kleine Geschenke machten, um sie so zu verleiten ihnen hochbrisante Informationen zur späteren Verwendung zu überlassen, bis hin zu den uns schon seit einiger Zeit bekannten fleißigen Eichhörnchen und ihrem stetigen Krampf auf Grund verlängerter Herstellergarantie, übertriebener Sparsamkeit (oder besser dem Wunsch sein Geld doch lieber woanders zu investieren) und der erfolglosen Suche nach dem Typenschild.

Letztendlich hatten alle diese Kreaturen, so unterschiedlich sie auch waren, doch eins gemeinsam:
von Zeit zu Zeit zunächst ein merkwürdiges Klingeln zu hören und dann seltsame Stimmen im Ohr zu haben!

Aber von all diesen möchte ich heute nicht berichten, denn dies sind die Abenteuer eines kleinen Wolfsrudels auf seiner

---

5 Bekannt aus Raumschiff Enterprise

Mission - unter Berücksichtigung der unermesslichen Unfehlbarkeiten des unbekannten Mitspielers aus dem Dorfe Wiesbaden (hier geht also die Wiese zum baden?) - dem Wehklagen der unendlich sich beklagenden, bitten und bettelnden, manchmal auch laut zeternden, jedoch immer vertraglich gebundenen Einhalt zu gebieten und das Problem, welches so ein Theater verursachte, unter Aufbietung aller diplomatischen Tricks und Kniffe und unter Verwendung wortakrobatischer Hilfestellungen, zu beseitigen oder an den zuständigen SM-Empfänger zu übergeben.![6]

Es begab sich also in den Tagen des ehemals dunklen Lochs, dem Exil unserer tapferen Wolfe, welches sich insbesondere dadurch auszeichnete, zu bestehen aus brausenden Winden, verursacht durch die sogenannte Virenverteilungsanlage - mal ehrlich wer hat das Kühlhaus angeschaltet? - und unaufhörlichen Klicki-Klack-PENGs, verursacht durch den nicht zu stoppenden Strom an Kreaturen die unermüdlich Minute um Minute aus evident wichtigen Gründen wie Nikotinarmut, Kaffeelosigkeit, bösartiger Langeweile oder auch chronischem Mobilfunktelefonentzug für einen weiteren Schockzustand bei den Wölfen sorgten.

Mal ganz zu schweigen von den sogenannten "Abkürzern" denen kein Weg zu lang erscheint um bei den Wölfen vorbei zu sprinten, statt ordnungsgemäße Routen zu benutzen.

Nicht allein mit all diesen Widrigkeiten hatten die Wölfe zu kämpfen, hieß es doch allzeit bereit zu sein, dem Wohle des

---

[6] Bah pfui, nicht was du jetzt wieder denkst! Standart-Message-Empfänger

Kunden und Klienten zu dienen, trotz eindeutigem Mangel an auf Papier gedruckten Zeichen in gebundener Form, um die Zeit zwischen 2 Kunden zu versüßen.

Nein auch auf ihre Anfrage nach Navigationsständen (Performance aktueller Stand und Ergebnis Vormonat) wurden sie in schändlicher Weise von einem Manager im luftleeren Raum orientierungslos zurückgelassen, mit dem Versprechen, dass das nächste News-Update (Newsletter) noch innerhalb der Kalenderwoche erfolgen und sie so zumindest einen Teil der angeforderten Informationen erhalten würden.

Ein Versprechen bei dem sich dieser Manager (wie so viele seiner Art) wohl versprochen haben muss!
Wenigstens von Papa-Wolf (da Namensgeber des Rudels) erhielten sie die Information, dass sich ein Licht am Ende des Tunnels zeige und damit ein Ende der grauen, dunklen Tage in Sicht sei!

Nun, noch ist das Licht am Ende des Tunnels und es wird noch einiges an Wasser den Rhein herunterfließen, aber wenigstens zu guter Letzt doch noch was positives!

Hab mich ja schon fast so gefühlt als würde ich hier die Trauerrede zu meiner eigenen Beerdigung schreiben.

So bei dem ganzen ärgern, hab ich doch glatt die eigentliche Geschichte vergessen, welche berichtet von den Heldentaten der Wölfe, dem Vordringen in unbekannten Servicewüsten und deren Beseitigung und... und.... und...

aber ich werde mir das für heute dann doch an den Hut stecken, den heut ist nicht alle Tage, ich schreib' wieder - keine Frage! [7]

Na ja, wenn sie nicht gestorben sind,
dann schnurrt das Uhrwerk auch morgen (vielleicht!) noch weiter!

In diesem Sinne!

---

[7] Schlußworte der Zeichentrickserie „Paulchen Panther"

Und täglich grüßt das Murmeltier!

Montag
Just another manic monday!
Fazit des Wochenendes - mal wieder viel zu kurz!

Schlaftrunken saß er an seinem Arbeitsplatz; mit Augenliedern, die schwer wie Blei über dem rotgeränderten etwas, das aus Ermangelung einer besseren Beschreibung wohl als Auge bezeichnet werden muss, lagen.
Stammte das hämmern im Kopf vom einen oder anderen pangalagtischen Donnergurgler oder einem der anderen Getränke des Wochenendes?

Nein!
Eine reifliche Untersuchung kam eindeutig zu dem Ergebnis, dass dessen Auswirkungen eindeutig verflogen waren.
Schlaf war zwar wie immer wenig gewesen, aber die 3 Liter Morgenkaffee hatten auch dieses Problem beseitigt.

Verdammter Mist! Woher kam dieses ständige klick-klack-KLONG-Peng, das sich wieder und wieder über die Ohren in die Windungen seines Denkapparates zu fressen schien?

Dienstag
Gestern war ja schon schlimm gewesen, aber auch heute wieder dieses klick-klack-KLONG-Peng!

Wie ein verrückt gewordenes Rennpferd auf Speed, das unaufhörlich die Rennbahn rauf und runter zu laufen schien, ohne dabei müde oder in irgendeiner Weise langsamer oder

gar leiser zu werden, hämmerte das Geräusch unentwegt
durch seinen Kopf.

Mittwoch
Bergfest! Ab jetzt sollte die Woche ja eigentlich besser
werden, nur dieses verdammte klick-klack-KLONG-Peng
schien ihn auch heute nicht verlassen zu wollen.
Ein Blassorchestra, angeführt von einer wilden Schaar
Dudelsackspielern, die sich an den neusten Technobeats
versuchten, um damit seine Gedankengänge mit kleinen und
größeren Nadelstichen zu malträtieren.

Donnerstag
Donnerstag = Donner plus Tag!
Na wenigstens heute passte das klick-klack-KLONG-Peng
wie eine passende Melodie zum Tag, quasi wie die Faust aufs
Auge, obwohl in ihm langsam der Gedanke Gestallt anzu-
nehmen bereit war, dass eine Faust aufs Auge nicht
schlimmer als diese Begleitmusik sein könnte? Es müsste ja
nicht unbedingt sein Auge sein!
Nur Schade, dass selbst diese wohltuenden Gewaltgedanken
diesen unendlichen Sound nur für wenige Sekunden
verstummen zu lassen schienen.

Freitag
Super! Nur noch bis zum Feierabend durchhalten und die
Woche war geschafft!

Das Wochenende winkte - Wetter? Egal, nur kein klick-
klack-KLONG-Peng mehr und zumindest die kleine wenn

auch nur sehr, sehr vage Hoffnung, dass in der kommenden Woche alles besser werden würde!

Auch auf die Gefahr hin, das der Wunsch, mehr als die Hoffnung, Vater und Mutter dieser Gedanken waren.

Montag
Just another manic monday! Fazit des Wochenendes - mal wieder viel zu kurz!....

klick-klack...
KLONG... PENG!!!!!

Na Prima!
schon wieder so eine Woche!!!

**Geschichte von einem der auszog,
   um einen Sack Flöhe zu hüten!**

Geschichte von einem der auszog um einen Sack Flöhe zu hüten! Geschichte von EINEM der auszog, nicht von einem der <u>sich</u> auszog!

Es war einmal...

Es war einmal so fangen alle Geschichten an und will uns doch nur darauf hinweisen, dass der Berichtende von etwas erzählen möchte was sich nicht heute, aber vielleicht gestern, meistens aber vor einer längeren Zeit ereignete oder zumindest ereignet haben soll.

Hingegen ist "und sie lebten glücklich bis ans Ende ihrer Tage!" eine beliebte Schlussformel um uns bestimmt, aber doch freundlich darauf hin zu weisen, dass die Geschichte jetzt zu Ende ist,sogar ein glückliches Ende gefunden hat und das es im Anschluss, von den Helden der Geschichte nichts weiteres zu berichten gab; mal davon abgesehen, dass sie wohl die ganze Zeit, bis der Schnitter Tod ihnen die Hände schüttelte, glücklich gewesen sein sollen -
wer's glaubt!

Nun hat dieser kleine Ausflug in den Anfang und das Ende einer Geschichte nicht wirklich großen Einfluss auf das was als nächstes folgen soll... geht es hier doch vor allem um Dinge, Taten und Ereignisse welche dazu führten, dass ein, nennen wir in mal Held (jede Geschichte braucht einen, oder?) sich plötzlich in der Situation befand, einen Sack voller Flöhe zu hüten!

Die Tage des Herrn müssen so etwa viertel vor 12 oder viertel nach geschlagen haben, als sich der Held unserer kleinen Fabel aufmachte, die ein- und ausgetretenen Pfade des täglichen Einerlei zu verlassen und sich Hals über Kopf in neue Abenteuer zu stürzen!

Aus dem Pool der Möglich- und Unmöglichkeiten hatte er sich einige alte Hasen und Rookies, seine Auserwählten, in langwierigen Casting-Shows als Gefährten ausgesucht, um sie in den gemeinsamen Kampf zu führen!

In einen nicht enden wollenden Kampf um das tägliche überspringen der von einem (bösen?) Zauberer, welcher sich in der badenden Wiese befand und sich meist dort versteckt hielt, vorgegebenen Einfangquote!

Aber was wurde denn eigentlich eingefangen? Nun es handelte sich bei den zu fangenden um wildumherstreifende, nicht registrierte Trockner, Backöfen, Waschmaschinen und Kühlschränke!

Einige von ihnen waren frisch geschlüpft, andere hatten bereits ein beachtliches Alter erreicht und mussten auf Grund ihrer größeren oder kleineren aus dem Lot geratenen Fehlfunktionen eingefangen und versorgt werden.
Alles in allem sicherlich eine Aufgabe die diese tapfere Horde hätte bewältigen können, aber der Zauberer von der

badenden Wiese, ließ es sich nicht nehmen ihnen in unregelmäßigen Abfolgen neue Informationen, Verbote, Vorgehensweisen und, und, und, aufzuerlegen, so das unser Held immer wieder dazu gezwungen wurde seine Mitstreiter neu zu justieren, ihren Tatendrang zu zügeln, in neue Bahnen zu lenken oder sie zu höheren Sprüngen an zu spornen, den Geräuschpegel zu reduzieren (man wollte die herumtobenden Trockner etc. ja nicht durch zu viel Krach verscheuchen oder gar benachbarte Jäger und Sammler verärgern und stören) oder den Zauberer durch Handauflegen und in Aussicht stellen von vielen neuen Gefangenen zu besänftigen.

Wie man sieht hatte er alle Hände voll zu tun um den Spagat zwischen Entertainer, Moderator, Organisator, Dompteur, Raubtierfütterer, Anführer und Troubleshooter zu bewältigen und alles stets mit einem lächeln zu bewältigen.

Hätte er doch nur damals das Angebot angenommen einen Sack Flöhe zu hüten nicht in den Wind geschlagen, denn es erschien ihm heute doch um soviel einfacher.

Aber er beklagte sich nicht, zumindest nicht dann wenn ihn die falschen Ohren hätten hören können und schritt seiner Schar wie ein Fels in der Brandung voran.

Und wenn er nicht gestorben ist, dann macht er es auch heute wieder! Ende?

Natürlich könnte an dieser Stelle alles enden, aber das wäre ja zu schön um wahr zu sein; deshalb folgt nun zum Abschluss noch eine dramatische Wendung, aber ohne Happy End!

20 Monate lang hatte er sich nicht nur um die Hunter gekümmert, sondern auch um eine kleine Gruppe, die mit eher administrativen Aufgaben für den Zauberer beschäftigt war und die er liebevoll sein "Wolfsrudel" nannte, denn sie stürzten sich auf nahezu jeden, die Ruhe des Zauberers störenden, Bittsteller und versorgten ihn entsprechend der Wünsche seiner erlauchten Erhabenheit.

So wuchsen sie auf und gediehen, entwickelten sich so gut, dass unser Held sie zuweilen, na gut bleiben wir bei der Wahrheit, also eigentlich ständig, völlig aus den Augen lassen konnte ohne einen Katastrophenalarm oder eine Terrorwarnung befürchten zu müssen.

Alles war gut und hätte schöner werden können...
aber der in der Wiese badende Zauberer war in seinen Entscheidungen unberechenbar und so kam es wie es keiner erwartet hatte zu einem dem Helden das Herz brechenden Befehl:

(dramatische Pause einfügen!)

die Wölfe müssen weg!

Da es sich bei dem Befehl um eine völlig andere Geschichte handelt und wegen der Tränen in den Augen,
das Sonderkommando ist grade abgezogen, aber die Reste des Tränengases liegen wohl noch in der Luft,
und wegen der dramatischeren Wirkung ist jetzt Schluss!

Also Ende!
Aus!

Der Clown wischt sich die Schminke aus dem Gesicht und aus dem breiten grinsen wird ein Gesicht mit kleinen Tränen!
Der Tor hat seine Schuldigkeit getan und Puck verlässt die Bühne auf der die Lichter erlöschen!
Zum Ende der Party springen die Gäste, flüchtend vor den heranrückenden Organen für Recht und Ordnung, aus den Fenstern und lassen den Gastgeber alleine mit dem KO der Veranstaltung zurück!

Die Zeit ist vorbei und alle Geschichten erzählt!

Es bleiben zurück... unser Held, ein Sack voll Flöhe, die es auch in Zukunft zu hüten gilt, vier in alle Winde verstreute Wölfe und ein Zauberer, der wohl auch künftig für eine Überraschung gut sein wird.

Irgendwann wird ein Erzähler diese Geschichte erneut erzählen und ich wäre nicht all zu sehr überrascht, wenn dann die Geschichte mit den Worten "Es war einmal.." beginnt!
In diesem Sinne! Der Letzte macht das Licht aus!

Teil 2

Gedankensplitter

motivieren, schmunzeln,
nachdenken
oder
einfach nur genießen

Böse Kinder oder so

Moin Moin

ach was muss man doch von bösen Kindern lesen[8] oder hören
müssen die den Frieden stören?

Klein Wladimir im Stadtkern sitzt und böser Worte wild verspritzt. Der Titel "der schreckliche" ist schon durch Iwan geblockt, ob Wladimir deshalb so bockt?
Als "der Große" würde er sich gerne sehn, doch Peter würde sich da im Grab umdrehn.

Macht euren Job und nicht den von ABC, ach wohl besser heute keine Tickts mir zieh, dann ist der Impakt auch ganz klein und alle finden es ganz fein. Ich weiß, ich weiß es ist nicht so, aber würde machen mich doch froh.

Der Plattfußindianer wird jetzt zur Pflicht, na wenn das nicht mal ne Überraschung ist. Die Freude groß, die Stimmung sinkt, der Fisch nicht nur vom Kopfe stinkt.

Doch will ich jetzt mal nicht viel klagen, einfach nur "Schönen Tag" noch sagen. Lasst die Flügel nicht hängen
und gebt weiter Gas (aber bitte nicht aus russischer Herkunft) wünsche Euch allen noch recht viel Spaß!

In diesem Sinne – MOIN

---

8 Frei nach Max und Moritz von Wilhem Busch

Dies und das

Moin Moin,

bitte bitte, kein Geschrei... das Wochenende ist vorbei!
Telefonsupport, das ist kein Mord,
aber auch kein Ausgleichssport!

So richtig nett ist's nur im Chat? Ach wie gerne man das hätt.
Zum Start natürlich Kunde dran, weil alles neue im April,
die Maske trägt nur wer es will.

In Spanien CR-19 nur noch eine Grippe ist und hier man den Lockdown vermisst. Das Chaos also vorprogrammiert, wer nicht mitspielt der wird aussortiert?
Doch leidet still, den was hier zählt, das Gas und Öl uns allen fehlt.
Zum Wochenstart genug mit meckern,
lasst und klotzen [9] und nicht kleckern.
Kunde zufrieden sowieso; bei uns ist das doch immer so!

Könnt jetzt noch schreiben dies und das, ach was, ich wünsch Euch einfach Spaß!
Auch diesen Tag wir überstehn und irgendwie wirds weiter gehn. Zum Ende sei's auch Heut gesagt: „Wünsche Euch nen tollen Tag!"

In diesem Sinne – Moin

---

[9] man könnte das L in klotzen auch weg lassen, aber dann wird es, hmmm --- sagen wir mal unschön

Es war einmal..

Es war einmal und nicht irgendwann;
es war einmal so fangen alle Märchen an.

So langsam wird auch dieses Jahr alt, deshalb wird es Zeit für einen kurzen halt. Drück mit Gentleman auf STOP und nimm eine kurzes Time-Out, es ist alles viel zu schnell und alles viel zu laut.[10]

Denk an Gestern und alles was geschah, denke an die Welt so wie sie mal war, Trotzdem freu ich mich auf Morgen, wenn auch nicht so ganz befreit von Sorgen.

Das Drehbuch dieser Pandemie? Zum Bestseller wird es wohl nie! Einen Oskar zu bekommen wird auch schwer, vermisst ihr die Guten alten Zeiten auch so sehr?

Hängt die Masken an die Wand, Maßnahmenkatalog wird grade verbrannt. Geht in die Bars und an den Strand, doch bitte, bitte gebt euch nicht im Bus die Hand.

Sind auch die Geschäft hier und dort mal leer, ist es zur Zeit nicht Corona was verärgert uns so sehr, ein böser Kobold aus dem fernen Osten macht es dafür um so mehr.

G1,G2,G3 diese Zeiten fast vorbei, ein Gefühl als sei man wieder frei! Hey was kostet die Welt? Völlig egal, haben eh kein Geld.

---

10 „Time out" - Lied von Gentleman

Ich lass mich nicht verdrehn, will einfach nur weiter und weiter gehen. Drum bleibe ich am besten wie ich bin, alles andere macht weniger Sinn!

Wenn dich diese Zeilen haben erfreut, habe ich kein Wort davon bereut.

Zum Abschluß ich noch sagen mag:
„Habt alle einen schönen Tag!"

In diesem Sinne – Moin

Bergfest

Moin Moin,

munter der Bergsteiger den Gipfel erklimmt und dabei auch noch fröhlich singt. Lasst es uns tun ihm gleich, das Berfest ist schon fast erreicht.

Für schlechte Laune monoton, sorgen die täglichen Nachrichten schon. Es kaum wundert wenn man regestriert, das (scheinbar) in der Welt nur noch der Wahnsinn regiert.

Corona, Krieg, Öko und hohe Preise - begleiten uns auf der täglichen Reise. Wie in einem slechten Film man sich da manchmal fühlt, wenn man sieht was die Realität da so alles hochspühlt.

Doch genug vom täglichen geschehn, wir woll'n jetzt auf die Arbeit sehn. Der Tag ist kurz und viel zu tun, am Feierabend könnt ihr dann ausruhn. Bei den Worten wird mir schlecht, irgendwie ja auch zu recht.

Bevor jetzt hier Tomaten fliegen, schnell zum Ende muss abbiegen. Daher sei jetzt einfach nur gesagt;
  "Wünsch Euch einen guten Tag!"

In diesem Sinne – MOIN

Ein Freitag im November

Moin Moin,

seit Ihr soweit dann können wir starten!
Nee Moment, muss auf den Kaffee warten.
Am frühen Morgen, wie ihr seht Line Control einem schon
auf den Schnürsenkeln steht.

Nebelkerzen und Bengalos aufgestellt, der bunte Rauch die
Sicht verstellt.
Ob's nun gefällt oder viel blabla - jetzt ist sie nun mal da,
ab Sonntag ist Fußball WM in Katar.

Schaut man sich an, wo in dieser Welt alles Raketen fliegen
man sich denken kann, irgendwann, wird Dummheit siegen,
doch wollen wir uns jetzt mit all dem nicht die Stimmung
versauen und mal auf was positives schauen.

Es ist Freitag und somit mal wieder eine Woche geschafft,
letzte Kräfte werden mobilisiert und zusammen gerafft.

Das Wochenende per Telegramm verkündet haben soll,
"Keine Sorge bin pünktlich am Start, ja das wird toll!"

Als letzte Worte bleibt mir da nicht mehr viel, bringen wir
den Tag noch ganz schnell ins Ziel, doch wie immer ich trotz
allem sagen mag:

"Habt viel Spaß, und genießt den Tag!"
In diesem Sinne – MOIN ?

Nicht mein Tag

Moin Moin,

kann es sein? ich will's nicht hörn... eigentlich auch gar nicht störn. Was kann ein Tag schon bringen wenn man muss zum Start schon mit Log-Ins ringen. Doch egal, denn was immer auch heut kommen mag, Morgen ist schon Donnerstag!
Drum froh gelaunt und frisch an den Start - man der Witz hat soooo nen Bart.

Alles neu und alles wird gut... ach nee, schon wieder so ein alter Hut. Heute ist mal wieder so ein Tag, wie man ihn so gar nicht mag. Kaum loged man sich ein, fragt man sich schon ob das muss sein. Was immer auch gelesen oder gehört... war nichts gutes, was mich irgendiwie stört.

Na ja, bei all diesen schönen Sachen, kann ich keine weiteren Reime machen. Chaos löschen geht halt nicht, doch geht's mir heute gegen den Strich. Nur Baustellen wo Lösungen war'n - all die schöne Zeit vertan.

Worüber man sich dann heute noch freut?
Kein Plan, hab irgendwie das aufstehn heute schon bereut.
Lasst Euch von mir nicht runter ziehn, auch diesr Tag wird sich verziehn. Trotz allem sei aber noch gesagt:
„Habt alle einen guten Tag!"

In diesem Sinne - Moin

Zurück aus dem Urlaub – voller Gedanken

Ist der Urlaub schon vorbei?
Es ist wie es ist und sei wie es sei
Trallali und Trallala, jetzt ist es klar
Urlaub zu Ende und bin wieder da
Langsam und mit kleinen Schritten, ich mich zurück plag,
in das was man so nennt Alltag!

Bevor noch einer fragt,
ich es besser gleich mal deutlich sag
wie immer war der Urlaub irgendwie nicht lang genug;
ist halt so und kein Fall von Wettbetrug.

Frisch gestartet trallala, so jetzt bin ich wieder da!
Nicht die Mama und kein Star,
nur der Frank ganz klipp und klar
Kurz versteckt im Urlaubstraum, geht's jetzt zurück, ich glaub es kaum. Der Urlaub ist zu Ende – war eigentlich ganz schön.. ahmm hat irgendwer meine Passwörter gesehn?
Ganz egal, brauch ja ehh neue und dann wird's schön irgendwann gehen.

Den Urlaub nicht allein mit schlafen verbracht, hier und da eine Geschichte oder einen Reim gemacht und sehr viel nachgedacht.

Besonders schlimm wird es jedoch dann, fertigt man dabei auch noch Notizen an.
Notizen zwischen Tür und Angel gemacht, manchmal auch geraume Zeit mit einer Zeile verbracht.

Gedanken manchmal schneller als der Wind, dann wieder verspielt wie ein kleines Kind!
Hier ein Reim, da mal ein Wort, schnell notiert sonst sind sie fort. Daher nun die Missetat, hoffe Ihr habt Zeit und viel Spaß mit dem Salat.

Auf Regen folgt oft Sonnenschein, die Welt ist schön und auch schon mal gemein. Meine Welt aus mehr als nur Zahlen, Mustern und Bauplänen besteht, drum ein besonderer Gruß an jeden Unfehlbaren geht.

Warum schreibst du täglich einen Reim? Pflicht? Spaß? Liebgewonnene Angewohnheit? Oder warum muss das so sein?

Worte kommen oder gehen, manchmal was schönes bleibt bestehen, gerne ich es daher teilen mag und starte freudig in den Tag. Der eine schreibt, der andere singt, manchmal das eine in das Andere springt.

Wenn ich einen Reim oder Text schreib, dann ist es Tagesform, mal nur wenige Worte mal über der NORM (DIN XX00 ¾). Es kann wie eine Therapie sein, manchmal auch die Seele befrein.
Schreiben fast wie Therapie? Wenn ich mit dem Stift über das Papier flieh, was am Ende raus kommt weiss man nie.

Schreibe Zeilen, die nicht unbedingt jeder versteht,
alles ok, so lange es auch zur guten Laune mit beiträgt.

Daher liegts bei euch - ihr habt die Wahl ob Sinnesfreude oder eine Qual

So wird es vermutlich auch in Zukunft weiter gehen,
in der Hoffnung Sinn und Verstand zu finden und so die Welt vielleicht doch noch zu verstehn. Doch wenn Emotion den Verstand verrät, die Welt nur aus den Fugen gerät und man ganz schön schnell im Regen steht.

Warum reden ohne damit etwas zu sagen?
Eigentlich nur schwer zu ertragen.
Warum hören ohne auch mal richtig hin zu hören?
Würde selber denken, denn gleich jedes Bild zerstörrn?

Manchmal bieten sich Fragen an, was man wann, wo und wie, wem noch sagen kann?
Wo und wann du echte Gefühle oder nur das normative Denken verletzt, wann wurde so viel Verstand ersetzt?

Wenn es für's Leben so was wie einen Flugmodus gäb, könnte den mal eben wer einschalten oder ist es dazu schon zu spät? Mir Jahre irgendwie fehlen, könnte irgendwer sie mir borgen oder gibt es einen Plan wie ich sie kann stehlen?

Im Sturz durch Raum und Zeit, Richtung Unendlichkeit?[11]
Ich weiß nicht wie es euch ergeht, wenn wieder so ein Tag ansteht; ein wehrloser Kuchen unterm Lagerfeuer aus Kerzen begraben, will uns trotzdem was sagen: 50 – jetzt schon?

---

11 „Irgendwie, irgendwo, irgendwann" Lied von Nena

Einige Wochen bleiben noch als Schonfrist, doch überrascht, was da schon an Jahren vergangen ist,

Im Sturz durch Zeit und Raum, erwacht aus einem Traum![12]

Hab noch viel zu sagen, doch warum finde ich kein Wort?
Will eigentlich nur nach Hause, doch es trägt und trägt mich weiter fort. An dieser Stelle mal schnell ein Dank von Herzen geht, an jeden der sich auf's Spiel mit Worten versteht; Buchautoren, Sprücheklopfer, Liederschreiber, Dichter und Poet, deren Worte Ansporn, Inspiration oder einfach nur zeigen wie es geht.

So die Welt sich weiter dreht, wie ihr selber seht und sicherlich versteht.
Zum Abschluss mal wieder bleibt nur noch eins zu sagen
und ja wie immer werde ich es trotz allem wagen

„Was immer auch nicht kommen mag, hab alle einen schönen Tag!"

In diesem Sinne - Moin

---

12 „Irgendwie, irgendwo, irgendwann" Lied von Nena

Irgendwie es weiter geht

Moin Moin,

habt Ihr's gemerkt oder auch nicht... heute schon Donnerstag anbricht!
Am frühen morgen shared er schon, find's nicht witzig, blanker Hohn. So kann man auch für schlechte Stimmung sorgen, so ein Quatsch am frühen Morgen.

Habt Ihr die Botschaft auch vernommen, die letzten Tage sind am kommen. Auch wenn keiner weiß wie es,weiter geht, irgendwie die Welt sich weiter dreht. Drum nicht Klagen sondern klotzen, können später drüber motzen.

Wie Ihr seht, mir geht es gut und der Rest ein alter Hut.
Wenn der Kaffee schon gut schmeckt, werden Lebensgeister gleich geweckt. Schlimmer geht's immer und doch egal, es warten die Tickets noch immer in hoher Zahl.

Lasst den Tag euch nicht verderben oder gar das Fell vergerben! Frisch und froh geht's in den Tag, jeder so wie er es mag. Am Ende zählt, das was geschafft und schon bald das Wochenende lacht.

Am Schluss in alter Tradition, na was kommt ihr wisst es schon? Wie immer ich ganz schnell noch sag: „Habt alle einen schönen Tag!"

In diesem Sinne – MOIN

Adventsausblick

Moin Moin,

Freitag sagt, Advent der naht wird dunkel wenn man sparen will. Lichter aus und Glockenspiel bleibt still, kein Baum wird dieses Jahr brennen, so kann man sich auch von Traditionen trennen.

Auf dem Weihnachtsmarkt bleiben die Herdplatten kalt, statt Glühwein trinkt man Eistee halt. [13]
Am Baum dann wieder Kerzen statt LED brennen, ach ne wegen CO2 müssten wir uns ja auch von Kerzen trennen.
Bürgergeld ist kein Hartz vier, auch wenn sich nur der Name ändert hier.

Das Klingelingeling in den Ohren wo bleiben die Sensoren?
Gute Laune und das pur, komm sei fröhlich und nicht stur.
So wollen wir den Tag verbringen, schnell erledigt, nicht lang ringen.

Am Wochenende, wer es mag und kann, stimmt fröhlich Weihnachtslieder an! Bevor das singen womöglich jetzt schon startet sag ich "Ciao, mein Kaffee wartet"
Möge der Tag ganz schnell vergehn, kannst du das Wochenende um die Ecke sehn?

In diesem Sinne - MOIN

---

[13] für den richtigen Effekt empfehle ich in diesem Fall: Long Island Icetea

Dirty D (der schmutzige Donnerstag)

Moin Moin,

soll es Donnern heut am Tag? Macht doch nichts, der Name es doch schon sagt.
Werde grad so langsam wach, sage einfach guten Tach!

Wer zu viel im trüben fischen geht, vielleicht etwas neben sich steht.
Wer über LOS geht, wie gemein, zieht heut keine Taler ein.

Seht Ihr wie die Zeit verrinnt, tief im Herzen kleines Kind.
2-3 Worte geformt zum reim, müssen jetzt halt einfach sein.

Mit Schwung den Kaffee eingeschenkt,
nochmal zum Gruß in die Runde geschwenkt.

Gute Laune ist vermoos, na dann geht's jetzt langsam los.
Vizefreitag uns anlacht, dirty D ist angesacht!
Bleibt die Uhr heute mal stehn, dirty D wird weitergehn!
5 soll heut mal grade sein - dirty D lädt dazu ein.
Witze aus der unteren Schublade sind heut erlaubt - dirty D nur darauf baut,

Egal was kommt, alles wird gut, nur nicht zu viel Übermut!
Drum sei jetzt ganz schnell noch gesagt:

„Allen einen schönen dirty Donnerstag!"

In diesem Sinne – MOIN?

Neue Abenteuer

Moin Moin,

auf ins neue Abenteuer!
Na so wirklich ist das nicht geheuer?
Wer jeden Tag zu nah am Abgrund steht,
heut dann mal nen Schritt weiter geht!
Die extra Meile endlich machen... na ja, in dieser Situation vielleicht nicht ganz zum lachen?

Man freue sich wenn das „Tool" ist da, totaler Murks, aber war das nicht irgendwie klar?
Was hat es mit mRNA Impfstoffen zu tun hat? Ich weiß es nicht und bin ganz platt.
Welche Nebenwirkungen tretten bei Nutzung auf? Hier nimmt das Chaos seinen Lauf!

Die Woche fast schon überstanden,
können wir bald im Wochenende stranden.
Ist das Glas halb voll, dann mach es leer,
muss schnell ein neues, volles her.

Noch einmal mit guter Laune und mit Schwung,
da geht der Tag dann schneller rum.
Wer andern eine Grube gräbt,
wohl selber bald in Scherben steht.

Wurde ich zum Barden heut ernannt? oh das ist ja allerhand!
So nehmt meinen Danke jetzt hin, alles andrer macht keinen Sinn.

Nur noch schnell einen Drops und dann bin ich hops?
Wollt Ihr diesen Tand, der sich in die Lüfte schwand,
nicht total verschmäh'n, sollt Ihr (vielleicht? irgendwann? ?)
was bessres sehn?[14]

Da ich bin kein bunter Hund, halt ich jetzt besser meinen Mund, doch eins sei trotzdem noch gesagt: „Ich wünsch euch einen tollen Tag!"

In diesem Sinne – Moin!

---

14 Frei nach „Ein Sommernachtstraum" von William Shakespeare

Herbstvorschau

Moin Moin,

frisch ans Werk und gut gelaunt,
besser nach vorn als zu viel nach hinten man schaut.

Habt Ihr Gestern Nachrichten gesehn?
Soll das ewig so weiter gehn?
Denk an Herbst und oben drein,
fällt ganz schnell was Neues ein?
Corona noch nicht ganz vorbei,
doch wir haben 1-2-3 schon was anderes dabei.
Affenpocken trallala, sind jetzt bald für alle da [15]

Weiß nicht wie es Euch ergeht, mir sich dabei nicht nur Kopf und Magen dreht. Drück doch bitte jemand mal auf STOP oder wechselt den Kanal, was waren Freude, Freiheit, Hoffnung und Träume noch mal?

So genug von trüben Dingen, endlich an die Arbeit schwingen! Systeme sind auf Go gestellt - hat da grad ein Hund gebellt? Nee war'n Kunde Holldrio... nach 5 Minuten klang er ganz anders und war froh!

Habt alle einen schönen Tag, so ich's schnell noch sagen mag!
In diesem Sinne – MOIN

---

[15] zur Verfügbarkeit und sonstigen Massnahmen, vertrauen sie nicht auf Ihren überforderten Impfminister oder die Datenauswertungsanstalt

Erstes Weihnachtsgebäck im September

Moin Moin

Kinder wie die Zeit vergeht, Weihnachten fast vor der Türe steht!
Glaubt ihr's nicht so recht? Doch es stimmt, denn im Einzelhandel werden die Printen schon schlecht.

2 Stunden täglich im Telefonsupport abhängen, muss den Drang zu reimen, dann verdrängen, so sind meine Grüße leider dieser Tage spät, kommen trotzdem wie ihr seht.

Doch wollen wir nicht maulen oder meckern, sondern uns mit Ruhm bekleckern. Kundenservice mit Sternchen ihr versehst, zeigt es allen wie es geht!
Case für Case oder Kunde für Kunde, werfen wir trotzdem gute Laune in die Runde.
Lasst euch über den Tag nicht ärgern, denn eins ist gewiss, das irgendwann auch wieder Feierabend ist.

Den Montag geschafft, den Dienstag gebannt, na das ist doch schon mal allerhand.
So gehn wir freudig durch den Tag, drum ich noch ganz schnell zu sagen wag: "Lächeln ist die einfachste Art, jemandem die Zähne zu zeigen!"

In diesem Sinne – MOIN ?

Urlaubsreif

Moin Moin,

Tage kommen und vergehn,
vieles bleibt nicht lang bestehn.
neue ACG und TSG,
tun meistens nicht weh.
Mit Startknopf gelb auf Start gestellt,
na mal schaun wie lang der hält.

Heute neu ist Morgen alt,
tja so ist das Leben halt.
Nicht alles neue macht auch Sinn,
nehmen wir's trotzdem mal hin.
Ist's ein Sturm im Wasserglas?
Na, Hauptsache wir haben Spaß!

Heut erst mal die Sonne scheint,
das Wetter hat es gut gemeint.
Langsam in den Tag gestartet,
hopsala der Kaffee wartet.

Um so viele Fragen muss man sich scheren,
hinterher auch noch die Scherben zusammen kehren.
Schnelle Lösungen sind oft gut,
doch seit dabei auf der Hut,
denn die Erfahrung lehrt, dass dann und wann
ein dickes Ende folgen kann.

So genug vom gereimten Wort,
wer kommt mit an nen anderen Ort?
Den Cocktail oder ein anderes Getränk in der Hand,
vielleicht auch noch ein schöner Strand?
Was leckeres auf dem Grill ruht,
manchmal ist das Leben gut!

So die Sehnsucht ist geweckt,
daher bitte nicht erschreckt,
denn leider ist der Tag noch lang,
auch egal, gehn wir es an.

Bin jetzt raus und mache Schluss,
doch wie immer noch ein Gruß:
„Was immer heut noch kommen mag,
habt alle einen schönen Tag!"

In diesem Sinne – MOIN ?

Gestern war's

Moin Moin,

hörst du das kleine Klopfen? sind dass die Regentropfen?
wie könnte das sein, bei soooo viel Sonnenschein

Gestern war's
10 Tausend Fragen, hatte trotzdem Spaß!
schon vergessen was es da so alles gab,
auch egal, heut ist ein neuer Tag.

Gestern war's
als allen Kummer und Sorgen ich vergaß.
Lags an den Pilzen oder war's das Gras? [16]
darauf trank ich dann ein gutes Glas

Gestern war's
die Stimmung war gut ohne jegliche weitere Zutat,
drum gibt es nur den einen Rat,
vergesst auch heute nicht die gute Tat.

Gestern war's
das Wetter nicht so schön, doch angenehm.
Etwas mehr Sonne trotzdem schön,
muss ja nicht gleich wieder über 35 Grad gehen.

Gestern war's
und Morgen wird es ganz anders sein.

---

[16] hier ist natürlich ein Pilzragout und das Gras das meine Katze gegessen hat gemeint

macht das Sinn oder ist es nur gemein?
lasst uns einfach alle fröhlich sein

Heute ist
der Tag an dem du zum Superhelden geboren bist und sicherlich hier keiner vergisst, das ja bald Wochenende ist.

In alter Tradition ich nur noch sag:
„Habt alle einen schönen, stressfreien Tag!"

In diesem Sinne – MOIN

Freitagsnachrichten

Moin Moin

Britannia trägt den Trauerflor.
der Rest der Welt lügt sich was vor?
Ist das Wetter leider eher gräulich heut,
ein jeder sich auf's Wochenende freut.

Was muss man oft von bösen Kindern hören oder lesen
wie zum Beispiel hier von diesen, [17]
welche Karl und Marco hießen.
Was für'n Quatsch zwei Deppen planen,
lässt uns grübeln und Böses ahnen.

ohh Entschuldigung!
Ja Herr und Frau, Diverses Verfassungsschutz, natürlich zwei sehr besorgte und umsichtige Minister, die in aller Ausgewogenheit und mit Bedacht, der zu erwartenden Gesamtsituation angemessen, dem Parlament zur Abstimmung vorlegten

Also wer trägt wann und wo nun eine Maske oder dann doch FFP? Man oh man, da tut einem ja schon beim überlegen der Kopf schrecklich weh.

Und wat noch wichtiges zu vertelle..
steckt alle Kölner in eine Zelle!
Nein Nein... sorry nur die Kölner-Jungs von Gestern,

---

[17] Frei nach Max und Moritz von Wilhelm Busch

die im Stadion in Nizza, nicht wirklich essen waren Pizza.[18]

So das war der Nachrichtenüberblick,
auch in dieser Form mal recht schick.

Da heute Freitag ist, zu toppen ist die Stimmung nicht,
die paar Stunden fallen jetzt nicht mehr ins Gewicht.

Drum bevor jeder gleich ins verdiente Wochenende rennt, hätte ich es doch fast verpennt, denn auch heute sei ja noch gesagt: "Habt alle einen wunderschönen Freitag!"

In diesem Sinne – MOIN ?

---

[18] am Vorabend kam es zu Ausschreitung von Anhängern des OSC Nizza und des 1.FC Köln

4. Advent

Moin Moin

Advent Advent, die Kerze brennt.
Kaum zu glauben, aber wahr,
jetzt sind davon schon viere da.
Ach wie schnell die Zeit vergeht und schon Weihnachten vor der Türe steht. Das Jahr geht rum und eins ist klar, das neue wird nicht besser und alles bleibt wie es war.

Ach was bin ich heute wieder positiv, na ja 10 Minuten da und noch lief nix schief. So kann es heute ruhig weiter gehen, muss ja nicht die Welt verstehen.

4 Stunden Support die gehn schon rum, hoffentlich die Fragen nicht zu dumm, danach noch voller Kraft, vier Stunden manchen Task geschafft.

Am Ende schau zurück und sag:
"Ach, war doch ein ganz guter Tag!"
So mag es kommen oder nicht, ein Narr wer nur die Wahrheit spricht.

Macht Euch keine Sorgen und denkt noch nicht an Morgen, drum zum Abschluss sei es noch gesagt:

"Ich wünsch Euch einen guten Tag!"

In diesem Sinne - MOIN

Montagswünsche

Moin Moin,

Montag Morgen - oh wie schön euch wieder zu sehn,
doch können wir jetzt alle wieder gehn?
Nein Nein, mein Lieber so geht das nicht,
auch wenn da grad der freie Gedanke aus dir spricht!

Guten Morgen, ich hab Euch gute Laune mitgebracht.
Doch gebet auf die Nebenwirkungen acht, da ihr sonst den ganzen Tag nur lacht!

So lasst uns diese Woche freudig beginnen,
auch sie möge so schnell wie möglich verinnen.
Der Start der Woche wird nicht nur arbeitsmäßig heiss,
zum abkühlen helfen kaltes Wasser oder auch ein Eis.

So gerüstet werden wir es überstehn, bei der Hitze könnte ja auch der Computer kaputt gehen;
zumindest ist meiner grade recht langsam geworden...
hmm ist er etwa am kalten Wasser gestorben?

Eis und Wasser machen leider nicht überall Sinn,
hier und da steckt auch ein kleines Fehlerteufelchen drinn.
Trotzt zu erwartender Hitze nehmt den Fuß nicht vom Gas,
genießt den Tag und habt trotz allem auch was Spaß!

In diesem Sinne – MOIN

Vor der Bundestagswahl

Moin Moin

Wenn die Tage eher grau, so manches Wort nicht ganz so schlau, im Herzen doch die Sonne scheint, Freude und Frieden uns vereint.

Vor 5 Minuten angekommen; was so wenig Zeit verronnen? Will jetzt schon wieder gehn, wie den Tag nur überstehn? Besser mal kein Wort zur Politik, mit ihrem ganz besonderem Trick - vor der Wahl stehts sage "A", danach bitte nur noch "blabla"

Das Chaos dieser Welt wir nicht verändern, am Ende besser am Strand schlendern. Flexible Herausforderungen bei der Arbeit ja stets gewohnt, bleibt bitte von C-19 verschont.

Advent, Advent,
die Kerze langsam runter brennt,
zum Glück ist sie ja nicht allein,
auf dem Kranz sollten es Viere sein!

Zum Abschluss noch ein kleiner Rat: „Macht das Beste aus dem Tag!"

In diesem Sinne - MOIN

Weihnachten

Moin Moin

Leuchtende Kinderaugen betrachteten den Baum,
die Sorgen der großen interessierten sie kaum.
Wenn A nicht mehr A sondern jetzt B erbringt,
ein gestern gegebenes Wort, heut mit der Wahrheit ringt.

Zum Ergebnis; Trauer, Wut und Unverständnis,
irgendwie frei und doch im Gefängnis.
Keiner hat's bemerkt, doch das Fest der Liebe und Hoffnung fiel diesmal aus, Corona machte irgendwie was anderes draus.

Ein neues Jahr bald angerückt, noch spielt die ganze Welt verrückt, doch wir rufen aus verzückt - zum Glück ham wir alle schon gedrückt.

Trotz 100 guter Taten, lässt Erfolg noch auf sich warten.
Auch wenn ich diese Welt nicht mehr versteh und irgendwie kein Ende seh. seh Freude in den Augen derer die ich lieb,
so man ganz schnell der Welt vergibt.

Zum Glück gibt es doch noch Dinge die zählen mehr,
als Corona und wo krieg ich den nächsten Booster her.
Nicht vergessen, wirklich wichtiges zu sehn, nichts muss zwischen Menschen stehn! Die Welt ist bunt und wunderschön, man muss nur die Augen öffnen und mal richtig hinsehn.

Was noch da kommt, wir werden sehn und irgendwie wird's weiter gehn!

Es bleibt zum Schluss zu wünschen DIR

- kommt von Herzen hier von mir -

Gesundheit, Glück, alles wird gut, ganz viel Kraft und immer Mut.

Ein kleiner Weihnachtsrückblick und Ausblick nach vorn, es ist ein Kindlein und bald ein neues Jahr geboren.
Wenn Worte könnten wie Sterne sein, ist's irgendwie blöd wenn sie einem fallen nicht ein.
Worte die wie Musik klingen, Sterne und Augen zum leuchten bringen und im Herzen weitersingen.

Es bleibt in alter Tradition, ohne Spott und ohne Hohn,
zum Abschluss wird noch eins gesagt
"Wünsche allen einen guten Tag!"

In diesem Sinne – Moin

Silvesterplan

Moin Moin

Donnerstag hat erst begonnen,
gute Laune schon verronnen?

So kann man doch den Tag nicht starten,
wo doch schon die Kunden / Tickets warten.
1-2-3 und alles weg,
ganz und gar ohne Verwendungszweck.
Habt Spaß und Freud an dem was ihr tut,
dann wird der Tag ganz sicher gut.

Jetzt bitte keine Panik bekommen,
aber das alte Jahr ist fast verronnen.
Wer mag kann schon die Stunden zählen,
aber bitte andere damit nicht quälen.
Da Silvester ja kein Feuerwerk gemacht,
habe ich mir was ausgedacht,
lohnt sich das Ganze dann zurecht,
ne 2. "Stille Nacht" (also 2. Heiligabend mit Geschenken) nicht schlecht.

So kann man Negatives auch ins positive verdrehn und freudig dem Jahresende entgegen sehn.
So für jetzt genug Quatsch erdacht, wünsch einfach noch nen "Guten Tach!"

In diesem Sinn - MOIN

Zwischen

Moin Moin,

heut ist ein Montag – Sonnenklar, alle hier und keiner da.
Heute ist Montag und es geht von vorne los,
na da ist die Stimmung doch gleich RIESENGROß.

Manchmal hab ich Angst was zu verpassen, manchmal Angst genauer hin zu sehn, manchmal würde ich es sogar lieber lassen, überhaupt nur auf zu stehn. [19]

Der Stift ist stärker als das Schwert, wer hat das noch nie gehört? Doch was sind Versprechen und Worte heut noch wert?

Zwischen Menschenmassen und alleine sei,
zwischen "Hoch die Tassen!" und Zeilen schreiben
Intoxicated oder Tabula rasa,
mal geht's um Ukraine und dann wieder um Gaza,
mal Umweltschutz und mal kein Gas da.[20]

An allem sind die Männer Schuld, Machos meistens weiße, Sie sind voll verantwortlich für die ganze Scheiße. Sie regieren die Welt und haben zu viel Macht, haben unseren Planeten auf den Hund gebracht. Gibt es größere Schurken-

---

19 Zeile aus „Gib nicht auf" von Versengold

20 Frei nach „Zwischen den Stühlen" von Gentleman

die Antwort lautet NEIN, doch auch schwarze, lesbische
Behinderte können ätzend sein.[21]

Wer weiss wie es uns ergeht, wie es wirklich weitergeht.
So viel Fortschritt gab's noch nie und dann kommt da noch
die Pandemie am Ende hilft nur eins allein
positiv denken - negativ sein! [22]

You listen to your favorite song but the tears run down and you know something is wrong, don't be fooled and become their clown, find the power and strenght in every line of your own song, light the flame and carry on!

Noch ganz am Ende schnell gesagt:
„Egal was kommt, habt alle einen schönen Tag!"

In diesem Sinne – MOIN

---

21 Aus dem gleichnamigen Lied von Funny van Dannen

22 Frei nach einem Lied von Funny van Dannen

Another brick in den wall

oder Thema Pink Floyd

Es ist ja nicht so einfach die Zeit zu finden (Time)
sich große Hoffnungen zu machen (High hopes),
aber Hauptsache das Geld stimmt (Money)
und man muss nicht fliegen lernen (Learning to fly),
wobei es sich ja immer auf junge Lust (Young Lust)
oder um einen dieser Tage handelt (One of these days),
an denen ein weiterer Stein in die Mauer gesetzt wird (Antoher brick in the wall),
bis man zurück ins Leben kommt (coming back to life)
oder einen großen Auftritt im Himmel hat (The great gig in the sky),
der wirklich eine komfortable Nummer (Comftable number) ist und sich wünscht das der verrückte Diamant weiter scheint (Shine on you crazy diamond)
doch am Ende müssen sich die Schweine (Pigs)
vom blauen Himmel verabschieden (Goodbye blue sky)
und auch das rauchen einer Zigarre (Have a cigar)
hift nicht wenn man in der Maschine wilkommen geheißen wird (Welcome to the machine)
um sich nur noch zu wünschen jemand wäre hier (Wish you were here).

Wahlspruch

Moin Moin

Donnerstag fast Ziel erreicht, da wird die Stimmung besser gleich.
Ein Zertifikat der Teammanager jetzt hat, das Team ist drüber gar nicht platt.

Carpe diem als Wahlspruch überhaupt keinen Sinn macht,
wenn man erst richtig wach wird in der Nacht.

"Nichts hören, nichts sehen und auch nichts sagen"
manchmal zwar eine gute Taktik ist,
doch auch als Wahlspruch eher Mist

"Man soll den Tag, nicht vor dem Abend loben!"
klingt zwar Weise ist mir aber doch zu abgehoben.

Vielleicht fällt Euch ja einer ein,
der könnte was für alle sein

So stolper ich jetzt weiter durch den Tag, auf das er ganz schnell enden mag. Was immer auch noch kommen soll
"Habt einen schönen Tag und genießt ihn voll!"

In diesem Sinne – MOIN

Ein Dienstag im Januar

Moin, Moin,

es wart ein Dienstag, im Januar...
muss man da noch etwas sagen oder ist schon alles klar?
Sollte mal was nicht klar sein... um die Säule laufen und laut schrein. Hilft zwar nicht, doch es befreit und so vergeht dann auch die Zeit.

Hü hott und heute ein anderes Pferd, Ticket A mal liegen lassen, dafür Ticket B schnell anfassen.
Im Kopf, ganz hinten im stillen Kämmerlein, stellen sich promt 1-2 Fragen ein, doch lassen sich zum Glück ganz schnell verdrängen und bleiben nicht den ganzen Tag da hängen.
Hinter den Gehirneswinden kann so einiges verschwinden.

Ist die Stimmung heute gut? oder schlecht?
Ach ich weiß es nicht so recht.
Frag mich noch in welche Richtung dieser Tag wohl geht?
Ob man wie Mr Spok da steht (Interessant!) oder es in eine andere Richtung geht?

Genießt den Tag, seid froh und munter - die Welt geht heute nicht, erst morgen (vielleicht?) unter!
Zum Abschluss noch mal schnell gegrunzt, damit der Tag auch richtig funzt. Ansonsten sei es noch gesagt "Hat alle eine guten Tag!"

In diesem Sinne - MOIN

Geschwafel

Moin Moin,

Donnerstag den man nicht unbedingt so mag,
es ist nun mal nicht der Wochenstar Freitag

Als die Abwehr der DFB-Elf nur ein Flickenteppich war,
sagte Japan 2x freudig danke und hurra!
Nun gegen Spanien könnte auch mal ein neuer ins Tor,
2-3 weitere Änderungen schwebten mir evtl. schon vor.
Wenn trotzdem schief geht, kein Geschrei,
hinter vorgehaltener Hand freut man sich auf Hitzefrei.
Ob schnell Schluss ist oder nicht doch eigentlich auch egal,
irgendwie das ganze Thema Katar ja ehh eine Qual.

so was gibt es noch zu sagen??
Fragen, Fragen, Fragen.
Wer kennt sich aus und weiß Bescheid?
Ein guter Geist ist stets bereit.
Teamspirit ist nicht überall die Norm,
doch wir sind darin gut in Form.
Wenn schöne Nachrichten man bekommt,
ein Lächeln stellt sich ein ganz prompt.
Bevor ich hier noch zu viel schwafel,
oder zur Strafe muss 100 mal schreiben an der langen Tafel,
natürlich ich auch heute noch sag:
"Möge es sein für alle ein guter Tag!"

In diesem Sinne - MOIN

Verabschieden

Moin Moin,

heute gibt's nur ein kleines Gedicht,
denn große Worte zum Abschied die liegen mir nicht.

Zeit vergeht und vieles geschieht,
an manches erinnern uns einige Zeilen oder ein Lied.
Es kommt der Tag, da jeder seiner Wege muss gehn,
doch schon zum Abschied wir freuen uns auf das Wiedersehn.

Pocahontas und Sherlock verlassen uns heut,
hey alles Gute und viel Erfolg,
was zählt ist das Ihr euch auf's neue Ziel freut.

Als Kollegen eine große Lücke ihr hinterlasst,
haben so manchen Blödsinn gemeinsam aufgespürt und das Übel gefasst.

Als Freunde habt Dank für liebe Worte und schützende Hand, mal mit Logik oder auch mit Herz und Verstand!

So jetzt schnell eine Träne im Knopfloch verborgen,
heut ist nicht aller Tage, drum freut euch auf Morgen.

Daher zum Schluss noch ganz schnell gesagt
"Auf Wiedersehn und dem Rest noch nen schönen Tag!"

Gedanken zum Bergfest

Moin Moin

dunkele Wolken über den Himmel wehen,
Schritt für Schritt wir Richtung Bergfest gehen.
Am Scheitelpunkt auf die Sonnenseite der Woche sehen,
wer kann da gute Laune nicht verstehen?
Ist die erste Hälfte schon vollbracht, über den Rest man hoffentlich dann nur noch lacht.

Wer keine Probleme hat sie sich selber macht,
auf das am Ende alles zusammenkracht.
Wer macht's wie und auch warum?
Nee, diese Lösung finde ich zu dumm.
Wer lesen kann der würde auch verstehen, wenn's nicht nach normalem Prozess kann weiter gehen.

So wie der Morgen ist gelaufen...
machen wir Schluss und gehen einen S...
einem schönen und fröhlichen Feierabend entgegen.

Ja ich glaub so wir es ein Segen, danach werde ich daher jetzt streben.

Auch heute zum Schluss noch schnell gesagt
"Habt trotzdem ALLE einen tollen Tag!"

In diesem Sinne – MOIN

Schlecht oder gut?

Moin Moin,
manchmal krass woraus ein Tag besteht, wenn wie im Karussell alles sich im Kreis nur dreht, doch für etwas mehr Freude ist es noch nicht zu spät.

Schon früh am Morgen jeder Gedanke sich nur um den Feierabend dreht? Dadurch nach und nach, über den Tag jeglicher Spaß vergeht.

Montag um 5 nach 8 schon ans Wochenende denken, so kann man manch guten und schönen Moment schnell verschenken. Hoffnung, Liebe, Freude und Glück, gehören ins Leben und auf die Arbeit zurück.
Wer nur mit schlechter Stimmung geht durch jeden Tag, findet das Leben und die Arbeit traurig und fad.

Könnt hier dissen, maulen und so Sachen, doch will viel lieber zusammen mit euch lachen!
Egal was kommt, es auch vergeht das eine getan, das nächste vor der Türe steht, drum nehmt den Tag so wie er ist, auch wenn er mal bes.... besonder unangenhem ist.

Nach Regen kommt der Sonnenschein, der eine Tag schön, der andere gemein. Doch lasst die gute Stimmung euch nicht verderben, es ist zu früh um in Gram zu sterben.
Habt Spaß und ihr werdet sehn, so wird der Tag schneller und viel schöner rum gehn.

In diesem Sinne – MOIN

Helau oder so

Moin Moin,

egal ob Alaaf oder Helau ausgerufen,
die Narretei erklimmt jetzt die Stufen.
Es ist ein uralter Brauch,
doch Vorsicht der Minister Leisefluss, der feiert auch und hat
mal auf Verdacht, 2-3 Masken mitgebracht,
tara und sapperlot... es herrscht Vermummungsverbot!
Der 11 im 11 plus das Jahr 2 und 2,
das kann was werden und alle Narren dabei.

Städte mit K sollte man meiden,
nicht das jetzt wer glaubt ich könnte die nicht leiden,
irgendwer springt aus einer Tonne,
von Massen bejubelt mit großer Wonne.
Grüß fröhlich vom närrischen Tron,
feiern und fröhlich sein, geht ganz ohne Dom.

Kein Narr soll verderben den Tag, so schlicht und einfach ich's sag: „Das Wochenende uns grüßt und wir freuen uns darauf, alles andere nimmt wie immer irgendwie schon seinen Lauf!"

In diesem Sinne - Helau! ehhm Moin!

Alles für's Klima

Moin Moin,

wer hat den Gipfel schon erklommen,
wer ist beim Bergfest angekommen?
Blätter fliegen munter mit dem Wind,
hier kommt kein Stress auf, sondern verfliegt ganz geschwind.

Heute Kinder wird's was geben, heute ist der Hansi dran,
werden wir ein Wunder erleben, dass das Team gut spielen kann?

Und wird ansonsten nichts getan,
mal ganz schnell das Klima auf den Plan.

Da sind wir dabei, das ist prima, alles für's Klima! [23]

Die Heizung und Lichter bleiben heute aus und wird es trotzdem kälter, holen wir die Decken raus!

Da sind wir dabei, das ist prima, alles für's Klima!

Auch dieser Tag kann überraschen, lasst ihn uns ganz fix vernaschen. Möge keinem der Spaß vergehen und was Morgen kommt - wir werden sehen!

In diesem Sinne - MOIN

---

23 Leicht angelehnt an das Lied „Viva Colonia" der kölner Band Höhner

Tropenwetter [24]

Moin Moin,
Wärmeschwall und Hitzewelle,
Schöne Grüße so auf die schnelle!

Wenn vor dem Kölner Dom schon Gondeln vor Anker gehn
und vor dem alten Schloßturm die Wüstenpalmen stehn,
über die Alpen statt Schnee ein Sandsturm weht, dann ist alles längst zu spät,
Besuchen Sie Europa, weils langsam in die Tropen geht! [25]

Die Temeratur kennt heut kein Halt, die Sonne in Büro und Wohnung knallt. Es ratsam ist, dass man viel trinke und sich ordentlich abkühle, hmm gibt's heut Longdrinks und Sonnenstühle?
Egal was kommt und dieser Tag noch bringen mag, ich wünsch Euch allen einen schönen Tag!

Ausreden des Tages:
Hitze bringt Dinge dazu, sich auszudehnen. Demnach bin ich nicht fett, sondern heiß!
Laotse sagt: Durch Bewegung überwindet man Kälte.
Durch Stillhalten überwindet man Hitze.
Sorry Chef... du kannst dir ja denken was das heisst!

In diesem Sinne – MOIN!

---

24 Laut Wetterbericht 38-42 Grad an diesem Tag zu erwarten

25 frei nach dem Lied „Besuchen sie Europa" von Geier Sturzflug

Spieglein, Spieglein an der Wand

Moin Moin,

wenn Papa fröhlich grunzt am Morgen,
vergehen gleich jeglicher Kummer und Sorgen.
Grauer Himmel kann nicht schrecken
und keiner muss sich hier verstecken.

Es ward Ende April oder auch Anfang Mai
und aus 1 plus 1 wurde vortrefflich 2.
Als die Liebe durch die Lande zog,
wie ein fleißiges Bienchen von Blume zu Blume flog,
die Freude wart groß, die Stimmung sehr heiter,
so geht das Leben fröhlich weiter.

Spieglein, Spieglein an der Wand,
hab dich fast nicht mehr erkannt,
Bart und Zotteln müssen weg,
dann bekommt man Morgens keinen Schreck.

Spieglein, Spieglein an der Wand,
interessant doch unbekannt,
wenn ich dir jetzt ne Frage stell,
bekomm ich Antwort oder bist du still?

Spieglein, Spieglein an der Wand,
jetzt ist die Zeit mir weggerannt,
sonst könnt es noch lange so weiter gehen,
doch andere Dinge rufen und ich hoff du kannst es verstehn.

Allen Kummer oder Sorgen,
verschieben wir auf hmm... Übermorgen!

Liebes Team, einen guten Morgen auch;
habt Schmetterlinge nicht Flugzeuge im Bauch!

Eines der verwirrensten Gefühle ist Liebe, doch lässt sie sich nur schwer in Worte fassen oder gar schlussendlich beschreiben.

Eines der besten Gefühle ist es Freude zu haben und wenn es das Wesen der Zeit ist, dass es den Himmel den du grade siehst, zuvor noch nicht gegeben hat, dann ist jetzt der perfekte Moment Freude zu haben!

In diesem Sinne – MOIN!

Stephen King lässt grüßen

Moin Moin,

alles neu am gleichen Tag, na mal schaun was das uns bringen mag!
Neue Woche und zum Start gibt's wieder mal nen Montag,
na ja, viel Spaß dem der es mag.
Vom Juli ging's heut in den August, viele schöne Ereignisse daher erwarte und wenig Frust.

Der Clown mit dem grässlichen Lachen,
macht sich auf dem Friedhof der Kuscheltiere zu schaffen.
Wenn die Kinder des Zorns dich begleiten,
lass dich nicht zum Einkauf bei "Needful things" in einer kleinen Stadt verleiten.
Christine mit den schönsten Melodien lockt, des Nachts doch auch schon mal alleine durch die Straßen rockt.
Das Feuerkind und Cujo am brennen von Salem unschuldig sind, Carrie und Dolores vor Zorn fast blind,
Deine dunkle Hälfte ruft zum letzten Gefecht - verstecken im dunklen Turm? eher schlecht!

Drum sei nun mit Herrn King für heute genug gereimt,
nicht das sich hier noch Gut und Böse miteinander vereint.
Wir wollen doch ins neue Starten glücklich und froh,
drum machen wir's jetzt doch einfach mal so!
Was immer auch noch kommen mag,
habt alle einen schönen und friedlichen Montag!

In diesem Sinne – MOIN

Daueranfragen

Moin Moin,

wenn der Name des Tages schon mit Dienst beginnt,
ahnt man schon, dass da was nicht stimmt.
Wir plagen uns im Chatsupport...
bei Daueranfragen wird das glatt zum Sport.

So neben bei noch anderes tun,
keine Zeit für Kaffee oder auszuruhn?
Das mit dem Ruhn, dass mag schon sein,
das mit dem Kaffee fiel im Traum mir nicht ein.

Also machen wir ganz schnell den check
und danach bin ich schon weg
z.B:
Kaffee (check!) - jo das passt!
Wer hat die Kekse angefasst?
Sollte alles dann am Start sein,
fällt mir jetzt auch nichts mehr ein.

Wollen die Systeme nicht mit uns spielen,
gedanklich wir so gegen Berfest schielen,
wird es Zeit dass ich schnell sag:
"Habt alle einen guten Tag!"

In diesem Sinne – Moin

Die Welt ist anders...

Moin Moin,

es ist mal wieder soweit und die Freude macht sich breit.
Der Tag der Tage, den jeder ersehnt und mag,
Hurra es ist wieder Freitag!

Bleibt man hart wie Stahl, wenn man in der Geschichte versinkt? In Unwissenheit, Glaube und Lügen ertrinkt
Die Welt ist so anderes, Gefühlt völlig neu, manchmal nicht ganz klar ob ich mich auf den neuen Morgen freu.

Warum besteht die Welt scheinbar nur noch aus Bomben und Blut? Nur Schimpf und Schande, weil man nicht genug für den Umweltschutz tut.
Corona hat vieles aufgedeckt, was sich schon so lange in der Gesellschaft versteckt.
Vieles was man Vollmundig versprach, wart graue Theorie im täglichen Alltag.

In einer Welt aus Tagen und Stunden, dreht sich viel zu viel nur um Sekunden.
Diktatoren und Landannexion? Hmm gab's das nicht früher schon? Wer hat Recht, was ist noch Wahr?
Die Frage auch nicht neu und waren schon mal da!

Das Leben könnte so schön sein, doch das Drehbuch dieser Tage ist gemein. Was der Autor dieses Drehbuchs mag, kotzt mich nur an, leider ich es nicht besser verpacken kann.

Welcher Nachricht kann man noch traun, welche ist korrekt?
Wenn Überprüfung und Wahrheit sich nur hinter Propaganda versteckt! [26]

Der Mensch leider schnell vergisst, was im wirklich wichtig ist, manchmal wird es ihm erst klar, wenn es nicht mehr da.
Wenn ich an vergangene Zeiten denke, spät in der Nacht, frag ich mich was der eine oder andere wohl so macht.
Der Weg hierher war so weit und vieles nur Erinnerung bleibt,

Wenn man schon am Abgrund steht, ist es nicht sehr ratsam, wenn man weiter geht.

Heute sehr nachdenklich über die Welt, hoffe es trotzdem euch gefällt.

Bleibt sauber und genießt den Tag
Das Wochenende kann kommen, so wie jeder es mag!

In diesem Sinne einen fröhlichen Freitag! MOIN

---

[26] Propaganda = Werbung / Marketing = Public Relations auch wenn das Wort zumeist grade in Deutschland mit anderem in Verbindung gebracht wird

Eins nach dem anderen

Moin Moin,

grade der Tag erst frisch began, schreibt mich schon der erste im Firmenchat an. Kaum geklärt und alles klar... ist der nächste mit ner Frage da.
Na das kann ja werden heiter, geht der Tag so munter weiter.

Haut ist Mittwoch nehmts so hin, - 2 geschafft und 2 im Sinn und ansonsten, alter Hut? Hoffe mal es geht euch gut :)
Auch dieser Tag gar nicht so viel Neues hat... und da ham wir den Salat. Doch seit froh, es wird schon gehn und den Tag wir überstehn.

Wer unbedingt will kann ja die extra Meile gehn... dem Drang danach kann ich ganz gut wiederstehn,
Da mein Vorgesetzter grad nach Gurken sehnt, sich schon halb im Urlaub wehnt, gehn in den Tag wir freudig und mit etwas schwung, klingt vielleicht ein wenig dumm, aber so kriegen wir den Tag schon rum.

So hab keine Plan und keine Ahnung - davon allerdings sehr viel komme trotzdem irgendwie ans Ziel.
Navi noch schnell auf Autopilot gestellt, auf das es schnell im Wochenende hält.
Zum Abschluss, na ihr wisst es schon, auch heute völlig ohne Hohn, ich euch noch ganz fröhlich sag... habt alle einen schönen Tag!

In diesem Sinne – MOIN

Fremdschämen

Moin Moin,
Holtadiepolter rumtata und schon ist der Dienstag da.
Der Montag ist schon mal hinter uns gebracht, darum heute auch die Sonne lacht.
Auch dieser Tag egal wie schön er auch sei, ist hoffentlich ganz schnell vorbei.

Tage kommen, Tage gehn, kann noch wer die Welt verstehn?
Alles darf - dann wieder nicht - nicht mehr denken wird schon fast zur Pflicht.
Wo Logik und Verstand noch funktionieren, muss man neue Dinge ausprobieren.

Oh Vorsicht, jetzt schweife ich ab und begebe mich auf politische Wege... hmm vielleicht sollte man vorher noch nutzen, an der Brücke ne Säge.
Doch wenn hysterische Kinder im Parlament kreischen, will man sich doch vor lauter Scham nur noch wegschleichen.

Ach wie ist das doch schön, schaltet man hier seinen Computer an, man sich darauf verlassen kann, auch heute läuft es in den gleichen Bahnen... wer hätte es Gedacht oder konnte das Ahnen.

Genug Blabla für diesen Morgen, Genießt den Tag - hoffentlich ohne Sorgen. In alter Tradition ich noch schnell sag "Habt alle einen schönen Tag!"

In diesem Sinne – MOIN

Ostern fast normal

Wenn Dienstag sich wie Montag anfühlt, ist man doch gleich ganz aufgewühlt.
Der Dienstag hat nen alten Trick dabei – tut einfach so als wenn er Montag sei, doch auch haute heisst das Motto „Gute Leistung – geringe ACW dann klappt es sicher auch mit der AHT. Den NPS ehh fest im Griff – fehlt nur hier und da der letzte Schliff. [27]

Tausend Fragen schwirren im Kopf, fühlt sich wer als hängt er am Tropf? Nein? Na dann geht's Euch ja gut, also auf in die neue Woche mit frischem und frohem Mut.

Hoppel hier und hoppel da, das war's mit Ostern für dieses Jahr. Der Osterhase soll uns den Frühling bringen, so wie es die alten Weisen (Lieder) singen. Jetzt noch irgendwie das Wetter verstehn, na dann kann's ja weiter gehen.

Im Mondschein des April, zog nach 2 Jahren etwas Normalität hier ein. Ganz ehrlich, erst dachte ich das kann doch nur ein Aprilscherz sein.
Beschränkungen fallen erst mal weg, haben scheinbar ehh wenig Zweck.
Ein anderer ist sehr beschränkt, an der Moskwa nur an alte Zöpfe denkt, doch leider sich nicht dran erhängt.

Wer viele Geschichten erzählt, sich vielleicht mit Worten sehr quält, drum halte es einfach, klein und schlicht, so das alles scheinbar für sich selber spricht.

---
27 Kennzahlen zur Leistungsbewertung

Über Ostern diese Zeilen ich ersonnen bzw sind sie in meinen Kopf gekommen mal kam der eine, dann der andere an, zum Text geformt sie heute geschwind, so kam der Vater zu dem Kind.

„Wollt ihr diesen Kindertand, der wie leere Träume schwand, werte Herrn (und Damen), nicht gar verschmähn, sollt ihr bald was Bessres sehn. Da ich Puck und ehrlich bin, nehmen wir euren Dank jetzt hin, wenn wir bösen Schlangenzischen damit glücklich könn' entwischen. Doch klatscht erst Beifall unserm Stück! Dann bringt Puck euch nichts als Glück." [28]

In diesem Sinne - Einen guten Start in diese verkürzte Woche! Moin :)

---

[28] aus „Ein Sommernachtstraum" von William Shakespeare

Blödsinn zur Wochenmitte

Moin Moin,

auch wenn alle Winde wehn und die Regentropfen keinen Spaß verstehn, möge trotz allem Eure guten Laune nicht vergehn.

Die Wochenmitte ist erreicht, das Bergfest winkt - alles wird Gut für den Rest der Woche noch genug Mut?

Grade an Tagen, grau und nass, benötigt man genügend Spaß, dann kann die Arbeit leichter von der Hand dir gehn... Ihr werdet sehn!

In den Tag ohne Worte und ohne Wissen ist doch irgendwie be... besonders unangenehm.
So kann es hier nicht weiter gehn, da kann ich euch ganz gut verstehn.

Drum an den Kaffee fertig los - Schritt EINS geschafft das ist vermoss. Schritt zwei und drei sind dann im Sinn, den Rest bekomm wir auch noch hin. So etwa ab Schritt Nummer Vier, die Automatik ist mit dir!

Genug des Blödsinns - auch wenn ich's mag
"Egal was kommt, habt einen tollen Tag!"

In diesem Sinne – MOIN

Mittwoch Superstar

Moin Moin,

hey ho, hoppala ... hier kommt Mittwoch Superstar!

MO und DI das sind doch Luschen...
nur der Mittwoch der tut puschen.
DO und FR die bringen Pech...
nur der Mittwoch der ist fesch
SA und SO ein alter Hut...
nur am Mittwoch da wird alles gut!

Kaffee klar, so geht's in den Tag mit Mittwoch an der Hand,,
was er wohl bringen mag? Bin mal gespannt.

Alles Neue macht der Mai, jetzt auch noch Mitwoch dabei!
Wenn das mal nicht gute Ohmen sind, freut man sich wie'n kleines Kind.

Was nicht geht, dass bleibt halt stehn, irgendwie wirds weiter gehn.

Gute Laune und Humor, bringen ganz viel Spaß hervor.
So geht der Tag dann ganz schnell rum, eigentlich auch nicht ganz dumm.

Daher bleibt mir jetzt nur noch eines was ich sag
"Habt alle einen fröhlichen Tag!"

In diesem Sinne – MOIN

Montag – kurz und knapp zum Wochenstart

Moin Moin

an einem Montag da fängt es alles an,
5 Tage Chaos folgen dann!

Ist dann das Screensharing auch gestartet, man kaum noch was besseres erwartet.
Doch lasset uns die Woche trotzdem mit einem lächeln beginnen, um so einfacher wird sie verrinnen.

Irgendwie heut 1000 Fenster (Programme und Dokumente) auf, auf dem Kopf das Headset drauf, so kommt eins zum anderen und nimmt seinen Lauf.
Keinen Plan was ich hier mach...
sag trotzdem wenn's piept mal freundlich "Guten Tach!"
Dann werden mir im Support auch noch Fragen gestellt... ??
also echt ein Ding was manchen so einfällt !
Wie komm ich aus der Nummer wieder raus?
Hmm mit hängen und würgen und ganz viel Applaus?

Wie Ihr seht, es ist nie zu spät, es immer irgendwie schon weiter geht. Was auch immer dieser Tag oder diese Woche uns beschert, möge es sein, Gute Laune und ein Lächeln wert.

Wie üblich ich nun noch abschließend sag:
"Habt alle einen erfolgreichen Tag!"

In diesem Sinne – MOIN

Der richtige Groove

Moin Moin,

„ich bin eigentlich viel zu müde und ich würde gern woanders sein.
Das ist nicht meine Stadt, das ist nicht mein Land, ich glaube das ist gar nicht meine Welt.
Viele schreiben super Texte, dann denk ich oft, das könnt ich nie: Die analysieren die Realität und dann haben die auch noch Phantasie. Doch wir werden den Tag schon irgendwie rumkriegen, denn die Zeit vergeht und ansonsten ist doch alles phänomenal.
Ja, wir werden den Tag schon irgendwie rumkriegen.
Denn wenn der Groove stimmt ist der ganze Rest egal."[29]

Ja so kann der Tag beginnen - Freitag ist ja schon,
da kann man nochmal alles geben - und das mein ich jetzt ohne Hohn.
Weiß nicht wie es euch heut geht?
Wenn ich's nicht schon wäre - könnt ich glatt nach Hause gehen.

Aber, wir werden den Tag schon irgendwie rumkriegen.
Denn wenn der Groove stimmt ist der ganze Rest egal.

Der Teamchef will uns temporär verlassen - grooved sich auf den Sohn schon ein und wenn er nicht klar kommt kann er ja

---

[29] merci - Seigneur, mon nom dit tout Funny van Dannen - Groovman

um Hilfe schrein.

Und irgendwie wir er die Zeit schon rumkriegen.
Denn wenn der Grunz stimmt ist der ganze Rest egal!

So jetzt komm ich mal zum Schluss hier,
wünsch euch noch nen schönen Tag und hoffe das jeder diese Zeilen mag.

Denn irgendwie werden wir den Freitag schon rum kriegen und wenn die Stimmung stimmt ist der ganze Rest schon fast egal.

Unserem Teamchef noch eine schöne Elternzeit.
auf das er sich im Januar brav bei uns wieder einreiht!

In diesem Sinne – MOIN

Dirty D ist wieder da!

Moin Moin!

Ladies and Gentleman,
Krachbummprodution announce and proudly presents-
double D greets you before the week ends.

Gendern an den Nagel hängt, weil das heute nur einzwängt.
Political correctness macht auch kein Sinn,
Dirty D ist heute IN.

Eltern holt die Kinder rein, später bitte nicht rum schrein.
Dirty Donnerstag ist heut im Haus und hier bricht das Chaos aus.

Wenn's auch mal unter die Gürtellinie geht,
am Dirty D man diesen Spaß trotzdem versteht.
Kein Plan wie das so weiter geht,
wartets ab und ihr dann seht.

Mit guter Laune starten und auf's Wochenende warten.
Das viele Tickets auch heute immer noch warten - nicht schlimm - kriegen wir schon irgendwie hin.
Ohne Sinn und ohne Plan, irgendwie wird's schon getan.
Ist die Tat dann erst vollbracht, alle miteinander lacht.

Ganz schnell sei jetzt noch hier gesagt:
"wünsch allen einen tollen Tag!"

In diesem Sinne - MOIN

Immer wieder Montag

Moin Moin

Montag Morgen, oh wie schön, da will man doch gleich wieder gehn!
Das Wochenende, zu kurz, aber fein und so soll es ja auch sein.

Startet die Woche froh gelaunt, denn hier wird nicht auf Sand gebaut.
Montag Morgen - wie ein Urknall, wohl bekannt und kommt er doch wie ein Überfall.
Vor 5 Minuten angekommen, will man gleich wieder gehn, denn dieser Start ist nicht leicht, oh ich kann Euch verstehn.

Spieglein, Spieglein an der Wand
warum sind alle Sensoren außer Rand und Band?
Und dann auch noch was so im Chat steht,
Leute, Leute, was so ab geht!
Drum von mir, freudige Worte ohne Hast
die dir nehmen sollen alle Last,
so daß der Tag für uns alle gute beginnt,
und unser Herz vor Freude singt! [30]

So wer jetzt noch große Kunst erwartet,
hey macht mal halblang, die Woche hat doch grade erst gestartet!

---

[30] hier sollte aus Sicherheitsgründen, das Singen auf das Herz begrennzt sein, alles anderes könnte sein, für das eine oder andere Ohr gemein

Wer böse Gedanken heut mitbringt,
mögen sie dir verfliegen ganz geschwind.
Der Rest bleibt gut gelaunt und froh -
so ist's fein, macht weiter so!

Zum Ende ich auch heute noch sag:
"Habt alle einen guten Tag!"

Optimismus ist, bei Gewitter auf dem höchsten Berg in einer Kupferrüstung zu stehen und »SCHEISS GÖTTER!« zu rufen. (Terry Pratchett)

In diesem Sinne – MOIN

Jetzt schon 50 ?

Moin Moin :)

Nicht ganz überraschend über Nacht,
das halbe Jahrhundert ist vollbracht!
Nun, auch ein großer Optimist, weiß, dass es wohl nicht die Halbzeit ist.

Wie im Zeitraffer durch die Jahre gerannt, viel geliebt, manches gehasst, selten vergöttert und vereinzelt verbannt.
Oft nur der stillen Denker wart zu sehn, doch der freche Clown konnte manches mal nicht widerstehn.

Könnte a la auld lang syne (sinngemäß: „längst vergangene Zeit") die vergangenen Jahre besingen, doch so recht will der Beat nicht in mir erklingen, weshalb ich auch Gedichte und keine Lieder schreib...ähnliche Technik und beides Passion und schöner Zeitvertreib.

Schaut man zurück, wo fängt man an?
Beim kleinen Jungen der schon in der 3. Klasse im Schulchor sang? Nicht weil er gut war, sondern den Lehrer dazu zwang.
Oder umgeschriebenen Lieder aus verschiedenem Anlass,
auch schon mal als Geschenk, wenn wieder mal das Datum verpasst.
Mit fast forward einen Sprung zu geschriebenen Geschichten, die waren nicht dumm (handelten u.a. von fleißigen Eichhörnchen und Nüssen) und wie wird es weiter gehn? wer kann schon die Zukunft sehn!

„50! Was, jetzt schon?
Splittert jetzt hier und da der Lack
Bin ich jetzt auch so'n alter Sack
Rieselt in meinem Hirn der Kalk
Hat aus dem Nacken verabschiedet sich der Schalk
frag ich mich verwundert
Und manchmal schmunzel ich in mich rein:
Wie kann man noch so'n Kindskopf sein
Wie ich mit dem halben Jahrhundert!" [31]

Was Gestern war, das ist geschehn!
was Morgen bringt? wir werden sehn!
Lasst uns weiter mit Peter Pan oder anderen Freunden aus der weiten Welt der Literatur und Phantasie auf Abenteuerreise gehen. In der Welt nicht nur dass Dunkle, sondern auch das Schöne sehn, so dass Spaß und Lachen nicht vergessen - auch mal was gutes (ungesundes) essen.

50? Was, Jetzt schon?
Na dann, herzliche Gratulation!

In diesem Sinne - MOIN

---

[31] Reinhard Mey Lied „50? Was jetzt schon?"

Guter Start

Moin Moin,

Morgenstund hat Gold im Mund,
doch mit mehr Schlaf bleibt man gesund.

Ist der Morgen nicht so wirklich hell,
man Gute Laune braucht ganz schnell.
Ein guter Gedanke am Morgen,
vertreibt Kummer und Sorgen.
Machen Humor und Freude sich breit,
zu großen Taten bereit.
Na gut, die großen können warten,
lasst uns erst mal mit den kleinen starten.
Gibt es was Neues oder nicht?
Bisher mein Orakel davon nicht spricht.

Und auch an diesem Mittwoch ich's noch sag,

"Wünsch euch einen guten Tag!"

In diesem Sinne - Moin

Neue Woche

Moin Moin

Und wieder fängt eine neue Woche an,
ob sie wohl besser als die letzte sein kann?
Nach tropisch warmer Nacht heute Morgen aufgewacht
und eigentlich an nichts böses gedacht.
Nach jedem Sonntag dieser Tag, den so recht wohl keiner
mag, auch heute, wie an jedem Tag nehm ich euch mit,
auf einen kleinen Gedankentrip.

Mal trübe, mal dunkel oder mal lachend laut, was am Ende
rauskommt, weiß ich nie, denn es wird ja grade erst gebaut.
Wie bei Freestyle Rap oder Stand-Up Comedy, man fängt
einfach an und wie man mit Glück sagen kann, erreicht man
das Ende dann irgendwie.

Liebe Leute lasst Euch sagen, auch in dieser Woche wir uns
erquicken und laben. Haben außergewöhnliches in Sinn und
mit Geduld und Spucke [32] kriegen wir das wohl auch hin!

Wenn dann die Stimmung wird den Siedepunkt erreichen,
kann Arbeit auch dem Feierabend weichen.
Habet Spaß und lasset Euch nicht verderben den Tag
ich dann noch so schnell hier in die Runde sag.

In diesem Sinne - MOIN

---

32 an dieser Stelle sei angemerkt, das dieser Satz Sinnbildlich gemeint ist und bitte keiner anfangen soll dem anderen an oder in eigenen Hände zu spucken!

Vizefreitag, das läuft

Moin Moin,

Vizefreitag, oh wie schön - können wir jetzt wieder gehn?
Nein, nein , nein, nicht so geht das, wir wollen haben doch viel Spaß!

Was kann halten der Tag schöneres bereit,
wenn schon am frühen Morgen jemand seinen Bildschirm mit uns teilt?
Wir machen uns fertig - sind allzeit bereit,
ist der Kunde auch schwierig, bitte bitte keinen Streit.
Wenn dunkle Wolken den Tag verhängen,
lasst uns der Wind sein um sie zu verdrengen!
So werden den Tag wir auch überstehn,
dann nur noch Freitag und ins Wochenende gehn.

Das eine ist gut, das andere schlecht,
allen macht man es eh niemals recht.
Schaut aus dem fenster, seht euren Garten,
last bloss den Kaffee nicht zu lange warten!

Die Kunden sind da, hurra hurra,
ein Lied auf den Lippen... tritratullala
Bevor ich mich um Kopf und Kragen red,
im Anschluss meinen PC zersäg,
sei es auch heute noch schnell gesagt: „Wünsche euch allen nen schönen Tag!"

In diesem Sinne – Moin

Einfach nur Frietag!

Moin Moin

Freitag!
oh wie schön das doch klingt,
jedes Herz gleich höher springt
Ein Tag um mit Trollen zu toben, den Chef mal zu loben
mit Elfen zu singen und Gnomen zu springen
mit Zwergen zu graben, an guten Dingen sich zu laben
ein Bierchen zu trinken, in Urlaubsträumen zu versinken

Es war einmal ein HI/LO Fall den kannten alle überall gelöst wurde er jedoch nie, bis schließlich kein Hahn mehr danach schrie! Er schlummerte im Irgendwo, gefunden wurd er nirgendwo. Wenn die App mal wieder nicht geht, der Kunde den Kundenservice nicht versteht, das Smartphone vor lauter nicht Kompatibilität strotzt, der Kunde aber trotzdem über alles motzt, der Sensor ehh macht was er will, da werd ich ganz andächtig und still.

Die Gedanken dann nur noch bei der noch offenen Zeit,
so innerlich seit 08:05 für's Wochenende bereit!

Möge der Tag euch möglichst viel Gutes bringen und vor allem schnell verrinen.

Wenn einem so viel Gutes wiederfährt, das ist schon ein "freudiges Guten Morgen" wert!

In diesem Sinne – MOIN

Alternative NEWS

Moin Moin,

mit Schwung in die neue Woche starten,
lassen wir heut keinen lange warten.
Sensor geht nicht, ach wie dumm,
tauschen wir geschwind mal um.

Die Woche jung und mit Elan,
ziehen wir jedem Problem den Zahn.
Ist die Laune gut? Na, das ist fein,
sollte einfach immer so sein.

Kaligrafie für das schöne schreiben steht,
es um die Besonderheit der Worte geht.
Eine Melodie die wie ein Blitz in dich fährt,
Bereiche erreicht die den meisten verwehrt.
eine Geschichte die deine Wangen benetzt,
Wunden weckt, die einst dich verletzt,
ein Reim der Erinnerungen weckt,
voller Freude, Liebe, Trauer oder was auch immer du versteckt.
Ein Gebte dass die Kraft dir geschenkt, dir geholfen hat,
deine Wege gelenkt

Pfleger geh nicht ins Altersheim,
aber zieh dir vorher erst mal 2, 3 Nadeln rein.
Immer wenn mit weißen Gold ich mir den Allerwertesten
abwisch, leben halt ein wenig verschwenderisch.

Immer wenn ich Salatblätter in Sonnenblumenöl ertränke,
ich keine Kriegsflagge schwenke.

Sollten am Ende alle Stricke reißen
und auch der letzte Fisch nicht mehr anbeißen,
bin ich als Lösung so ganz ohen Erheiterung
für eine NATO Ost-Erweiterung,
vielleicht könnt das ja eine Lösung sein,
wir laden Putin in die NATO ein.
Kein Grund mehr für Angst und Zankerei,
endlich Frieden wieder sei.

In den Nachrichten ich oft schön reden seh,
so manche Tat dann doch nicht versteh.
Doch wo bleiben die News an denen jeder sich erfeut
- hier mal ein Beispiel und dann bin ich besser still für heut:

Donald von Fönwelle in der Badewanne attakiert, als mal
wieder sein Twitter abgeschmierte.
Vladimir verschluckte sich beim Essen einer Suppe,
weil die schmeckte nach Lebertran, was ihm ganz schön den
Atem nahm.

So jetzt hab ich aber auch genug gesagt - Wünsch allen noch
nen schönen Montag!

In diesem Sinne - MOIN

Um die Ecke

Moin Moin
Guten Morgen!
Was? Dienstag ist es heute?
Wird heute gejagt alleine oder mit der ganzen Meute?

Keine Angst, muss keiner verstehn,
halt nur Dinge die mir so im Kopf rumgehn.

Duch die dunklen Schwaden der Nacht,
ist der neue Tag erwacht,
ob er gut ist oder nicht,
liegt wohl an der individuellen Sicht,

Zuckerstückschen mit Schmetterlingen fliegen,
wird wohl an der Deko liegen.
Frischer Kaffee steht parat,
na das ist doch ein guter Start.
Ziele kann man sich stecken,
manchmal sie den Ergeiz wecken,
meist sind sie ein Zahlenspiel,
clever gerechnet kommt man auch ins Ziel.

Zuviel um die Ecke gedacht,
wird dabei ganz schnell etwas falsch gemacht.
So lasst euch nicht zu viel von meinen Worten ablenken,
wollt nur mal was zum denken schenken.

Der Tag ist frisch und jetzt geht's los,
na das ist doch ganz vermoss!

Möge es ein guter sein,
denn das fände ich schon fein.
Wer heute seine gute Laune beibehält,
dem sich nichts in die Wege stellt.

Darum sei hier nur noch schnell gesagt:
"Habt alle einen tollen Dienstag!"

In diesem Sinne - Moin!

Gute Laune für zwei

Moin Moin,
ist Freitag heut und das im März! Wirklich! Das ist kein Scherz!

Lasst uns den Tag geschwind beginnen, möge er ganz schnell verrinnen.
Gute Laune hab ich für zwei, nach 2-3 Chatanfragen ist auch das vorbei! Vielleicht auch mal was gutes sehn?
hmm dürfen wir wieder gehn?

Da ein Bär mit seinen Muskeln spielt,
mit unnötiger, verwerflicher Aggression in eine Richtung zielt. Hierdurch, und das sei nur heute mal gesagt,
es glatt auch etwas gutes gab,
damit es uns nicht auch noch nervt und blagt,
wurde Corona erst einmal vertagt und aus allen Nachrichten verbannt oder hat Herr P sich auch daran die Fingerchen verbrannt?

So zurück an Arbeit denken
und die Schritte ins Wochenende lenken.
Schnaps ist Schnaps und Bier bleibt Bier...
nach 5 bin ich dann nicht mehr hier!
Habt viel Spaß, genießt den Tag.. jeder so wie er es mag!
ob moody oder froh gelaunt, meckernd, hoch motiviert oder auch nur sehr erstaunt - egal was heut auch kommen mag,
ich wünsch Euch einen tollen Tag!

In diesem Sinne – MOIN

Nichts mehr schocken

Moin Moin,

früher Morgen, ach du Schreck,
plötzlich alle Programme weg.
So fängt der Tag doch richtig an,
danach einen nichts mehr schocken kann.

Ich glaub es nicht, doch passt in den Reim,
heut wird doch wohl nicht Mittwoch sein?
Was immer auch der Tag uns bringt,
ob man in Tickets oder (Chat-) Anfragen versinkt,
mit Spaß und Hoffnung wird's schon gehn,
man darf nur nicht ständig auf die Uhr sehn!

Die aktuelle Situation bestimmt nicht leicht,
so mancher schreit "Oh man, mir reichts!"
Sehen wir es mal ganz schlicht, seit (spätestens) Gestern,
keiner mehr von Fehlern im System spricht,

Da schon 1-2 Tage im Projekt, sag ich dir und bin dann weg,
auch dieses Chaos wird vergehn und danach werden wir ein anderes sehn!

Drum wünsch ich noch nen schönen Tag!
Ganz ohne Ironie und böse Gedanke, ich das zu sagen wag.

In diesem Sinne – MOIN!

Stopp, halt alles an

Moin Moin,

ach ne ist das nicht fein... es könnte alles so schön sein :)

Wollt mich mal radikalisiern, neue Gedanken ausprobiern,
nen ALU-Turban tragen, Hirn abschalten dann auch wagen.

Die einen kommen, die anderen gehen,
wer kann in die Zukunft sehn?
Bitte, bitte, drück auf Stopp und halt alles an,
vor dem Burnout nehme ich ein Timeout,
denn das geht mir grade zu schnell und irgendwie ist alles
viel zu laut.

Ach, was war letzte Woche die Welt doch noch schön,
manches nicht und manches doch ganz einfach zu verstehn.
Meistens gab's nur eins das wirklich zählt,
man nannte es auch einfach Geld.
Dachtest du etwas an Freiheit? Recht? oder gar Frieden?
Die wurden doch von Corona und Putin schon vertrieben!

Gedanken so zerbrechlich,
dass sie drohen wie Vasen aus den Händen zu fallen,
die Welt scheint nicht mehr bei Verstand zu sein,
wenn Bomben und Raketen sprechen und man es hört nur
noch knallen und alte Versprechen gebrochen, unfair und
gemein.

Wir jetzt hier vorm großen Chaos stehn,

ein Ende noch nicht ab zu sehn!

Egal ob ich mir die Situation der Welt,
in Deutschland oder bei der Arbeit anseh,
mir schwirrt der Kopf und mehr und mehr glaube nichts
davon ich noch versteh.
Vielleicht aber ich denk zu viel und das ganze ist doch nur
ein Spiel?

Drum ganz zum Schluß vertreibe ich noch Kummer und
Sorgen, denke besser an das Heute, nicht an Morgen!
Es kommt wie es kommt und es ist wie es ist,
auch wenn die Situation bes... besonders ungewöhlich ist.

Drum allen einen Guten Tag, jedem so wie er es mag!

Lasst euch den Tag nicht verderben
und lass so manches, aber nicht die Hoffnung (auf bessere
Zeiten) sterben.

In diesem Sinne – MOIN

Freudige Lieder erklingen

Moin Moin,

hört Ihr nicht die Glocken klingen
und die ganzen Vöglein singen.
Freudige Lieder erklingen und in unseren Herzen singen,
Lasst Freude in die Herzen rein,
heute kann nur Dienstag sein!

Wieder mal ist's ganz vermoss,
keiner zieht hier über LOS,
Nicht die Nase über Cases rümpfen,
ist ja hier nicht wie bei den Schlümpfen.
Verschlumpft nochmal und zugenäht,
wer hat den das jetzt hier verdereht?

Mal wieder wir die Tage rückwärts zählen
und uns weiter Richtung Wochenende quälen.
Genügen Tickets gibt es ja,
hier folgt vermutlich kein "Hurra!"

Mag Eure gute Stimmung nicht vergehn,
immer wieder etwas neues sehn.
So geht der Tag auch schnell vorbei
und Kummer und Sorgen sind dann Einerlei.

Drum frisch ans Werk und liegen lassen,
den Vorgang kann ein anderere anfassen.
So kriegt man kaum etwas getan,
doch viel getrackt...

was sich nich so alles hinter Zeiterfassungszahlen wohl versteckt.

So zum Mäckern bin ich ja nicht da,
drum noch schnell etwas blabla
Die Stürme vorbei, alles wird gut,
großzügige Spenden bitte in den Hut.

Egal was noch passieren mag...
ICH wünsch EUCH einen guten Tag!

In diesem Sinne - Moin

Rund 2 Jahre C-19

Moin Moin,

die Zeit vergeht, wir werden alt.
das Leben macht vor keinem halt.
Es war einmal ein buntes Land,
weltweit für viel Gutes, leider auch dem Gegenteil bekannt.

Ein Virus zog wild über's Land und drehte alles um,
bitte bitte nehmt es jetzt nicht krum,
aber was haben 2 Jahre uns gebracht?
Hätte einer von Euch das je gedacht?

Der Herr sprach nicht "IHR sollt euch teilen,
in jene die zu Hause oder im Center weilen!"
Oft scheint es so als wenn nur noch eine Frage zählt,
nichts anderes uns täglich quält,
zählt es wirklich, wie oft man in den Arm sich sticht?
Wenn's am Ende uns alle doch erwischt?

Wo sind die guten Zeiten hin,
als man noch anderes hatte im Sinn,
Die Frage ob Fressen, Ficken, Kiffen, Fernsehen oder Saufen
durchaus sich auch heute noch stellt,
doch kommt sie heuer doch eher gequält.
Steht doch zu oft im Vordergrund:
Gehste zum Booster oder mit'm Hund?

Genug davon die Arbeit ruft...
man sich schnell noch richtig eingrooved.

Auf geht's Schritt für Schritt,
nehmt noch etwas gute Laune mit,
lasset den Tag in guter Laune und ganz schnell vergehn,
man muss ja auch nicht alles verstehn.

Zum Abschluß in gewohnter Art,
Euch allen, sei noch "Guten Tag!" gesagt.

In diesem Sinne – MOIN

Freitagshoffnung

Moin Moin,

wenn du schaust was zu tun,
wird schon werden, Kopf hoch
und fürchte dich nicht vor dem Vorgang.
nicht rasten, noch ruhn,
das Ende irgendwann kommt doch,
über alle Last fällt des Wochenendes Vorhang.

Weiter geht's durch alle Fehler!
Weiter geht's durch jeden Case!
Träumen davon, dass alles sich von selber löst.
Weiter geht's, weiter geht's!
Die Hoffnung nicht verlieren
und so wirst du niemals alleine gehn!

Ohh der Freitag ist schon dran,
na mal schaun was der so kann.
Nachdem Donnerstag ein PAL [33] Tag war,
wird der Freitag wunderbar.

Schaut nach vorn und nicht zurück,
bald ist Wochenende - welch ein Glück.
Noch so manchen Fall geschlossen,
geht es weiter unverdrossen.

Wenn einem Gutes widerfährt,

---
33   PAL = Problem Anderer Leute (Douglas Adams)

das ist einen Applaus wert.
drum lass ich Euch jetzt zurück an Eure Arbeit gehn,
werden uns ein andres mal dann wiedersehn.

Die Woche fast aus,
mich laust kein Affe sondern die Maus,
zum Abschluss ich dann schnell noch sag:
"Habt ALLE einen guten Tag!"

In diesem Sinne – MOIN

Große Meister

Moin Moin,

Denk ich an Heine, Schiller oder Goethe,
vor Scharm ich leicht erröte,
alle hatten eins gemein,
verstanden sich auf's gute Wort und kleinen oder großen Reim.

Egal ob Verdi, Wagner oder Mozart,
ein jeder setzte Noten froh nach seiner Art.
Egal ob da Vinci, Rembrandt oder van Gogh,
ein gewisses Talent im Umgang mit Farben hatte ein jeder doch.

So könnt die List noch lange weiter gehn,
kein Ende ist hier ab zu sehn.
Doch verrinnt dabei doch zu viel Zeit
und nichts für Arbeit übrig bleibt.

Was wollt ich sagen mit dem Reim?
Ich weiß es nicht! fällt dir was ein?

Ich fands nur gut und es war ein Spaß,
jetzt geben wir mit andren Dingen gas.

Sage noch "Genießt den Tag, alles wird Gut!"
und gehe rum mit meinem Hut.

In diesem Sinne - MOIN

Weihnachten naht

Moin Moin,
guten Morgen großer Mond,
ob sich heut das aufstehn lohnt?
An den Rechner uno-due-tre,
auch heute wieder keinen Schnee.
Also wieder keine weiße Weihnacht,
Hauptsache Geschenke, damit das Kinderherz dann trotzdem lacht.

Ach was leben wir in Zeiten, wo sich Viren sehr verbreiten.
Keine Witze bitte sehr,
liegt mir fern, doch fällt mir manchmal auch schwer.
Trifft man sich mit mehr als 1-2-3
ist Omikron wohl mit dabei!
Fast scheint das Beste noch zu sein,
man bleibt besser ganz allein.
Drum verstecke ich mich ab jetzt im Schrank,
so wird der kleine Frank nicht krank.

So hat euch das abgelenkt und böse Gedanken verdrängt?
Alles wird gut und der Tag beginnen,
wehe jetzt fängt einer an zu singen.
Denk an was gutes, das euch erfreut,
gibt keinen Grund, das Ihr gute Laune bereut.

Drum sei's zum Abschluss trotzdem noch gesagt:
"Ich wünsch euch noch nen tollen Tag"

In diesem Sinne - Moin

Frisch ans Werk

Moin Moin :)

Hoch die Tassen, frischer Duft -
ein Hauch von Kaffee liegt in der Luft.

Frisch ans Werk, mit Spaß und Freude,
auf das man keine Zeit vergeude.

Tausende von Herausforderungen warten,
na dann woll'n wir doch mal fröhlich starten.

Auf das die Stimmung nicht vergeht
und schlechte Laune plötzlich vor uns steht.

Egal was kommt es wird schon gehn
und wenn mal nicht, na ja, wir werden sehn.

Mir noch was auf der Zunge lag???
Ach ja, "wünsch Euch nen guten Tag"

In diesem Sinne, MOIN

Advent

Moin Moin :)

Es ist Advent wie jeder gleich erkennt,
da das erste Lichtlein brennt.
Besinnlich geht das Jahr dem Ende zu,
Covid-19 ist ne blöde Kuh, lässt uns einfach nicht in ruh.

Doch auch in dieser Jahreszeit, [34]
seit zur Heiterkeit bereit.
Alles kommt wie's kommen muss,
irgendwann ist dann auch Schluss.

Der späte Wurm,
grüßt den Vogel der viel zu früh aufgestanden ist.

Zum Abschluss sei es noch gesagt - wünsch allen einen guten Montag!

In diesem Sinne - MOIN

---

[34] Advent ist gemeint, nicht der Winter

Nikolaus

Moin Moin

Wer schleicht denn da des Nachts ums Haus?
Wenn das mal nicht ist der Nikolaus!
Bring Süßigkeiten und kleine Geschenke,
hierbei jeder jetzt an was schönes denke!
Für einen dieses, für den anderen dass,
Hauptsache es macht allen Spaß.

Kaum ist man wieder da, bekommt man einen Schreck,
wenn's plötzlich heißt "All hands on deck!"

Da weiß man gleich was man nicht vermisst hat,
weht kein Wind und die Segel sind platt.
dann macht im Kontrollraum Panik sich breit,
vielleicht sogar der erste nach Rettungswesten schreit.
doch das Schiff wird nicht sinken,
sicherlich keiner ertrinken.

Schnell, schnell wird das Riff noch umrundet,
bevor man hier und dort neues erkundet.
Solange Freude und Spaß nicht darniederliegt,
der Narr lässt sich stressen, der Weise siegt.

Auch heute zum Abschluss ich einfach noch sag
"Egal was da kommt, habt einen guten Tag!"

In diesem Sinne - MOIN (Mahlzeit)

Freitagsschock

Moin Moin,

stellt Euch vor, wie es so wär,
wenn heute Montag und nicht Freitag wär?
Quality konnt ihn nur ident- aber nicht vernünftig verifiziern,
muss sich noch mal melden, am besten mit uns telefoniern.
Ha, zum Start gleich mal alle geschockt, auf dass der Freitag
noch mal rockt. Also noch mal freudig ran, dann bekommen
wir's ganz leicht getan.

Die Woche brachte News über Veränderungen,
keiner wurde dazu gezwungen, doch bald viele in neue
Positionen gehn, was Ihr davon habt - Ihr werdets sehn!
Erfolg und Spaß soll auf Eurem Wege liegen,
bleibt Ihr selbst und lasst Euch nicht in Ketten schmieden.

Die Woche sich gen Ende neigt, ganz egal was wir vergeigt,
jetzt wir nur aufs Ende sehen und wollen schnell ins
Wochenende gehen.
Mit Freude geht es an den Start, ansonsten jeder so wie
es/er/sie es mag, Wenn dieser Tag vorbei, haben wir 2 Tage
frei, drum will ich gar nicht mehr viel reden oder dicke
Bretter sägen.

Mit frischen Kaffee wird alles gut, darin der Geist der
Weisheit ruht? Ach egal, ich jetzt nur noch sag - habt alle
einen schönen Tag!

In diesem Sinne – MOIN

Dienst – Tag

Moin Moin,
wer weiß was kommt oder auch geht?
Der Dienstag auf der Matte steht!
An diesem Tag man sich leicht fragt,
was er denn überhaupt so bringen mag?
Er liegt so mitten in der Woche drin,
kommt einem langweilig gleich in den Sinn,
zum nächsten Wochenende? noch lange hin!

Wie ihr seht, ich hab so mein Problem mit dem Dienstag,
was zu sagen zu einem Tag,
der das Wörtchen "Dienst" so offen im Namen trägt,
wenn das mal nicht gleich Verdacht erregt.

Mir kommt grad nichts besseres in den Sinn,
drum gebe ich mich dem Tagwerk hin.
Die Sonne scheint und alle sind froh - macht weiter so!

In diesem Sinne – MOIN

Unangenehmes zu bearbeiten

Moin Moin,

trippel trappel und Hurra, der Donnerstag ist da!
Ob man ihn mag, man nicht so recht weiß,
na ja, Hauptsache die Cases sind heut nicht der größte ..
hmm? Griff ins Klo.

Der Kaffee heiß und schmeckt, mal abwarten was sich heute im Tag so versteckt. Nur Gutes heut auf unserem Wege mag liegen, oh Mann, mal hoffen das bei den Worten die Balken sich nicht verbiegen.

Mit Freude im Herzen und was könnt schöner sein, wir schaffen's zusammen und lassen keinen von uns allein.
Nun frisch ans Werk, mal schaun was geht...
am Ende des Tages der Feierabend steht und spätestens dann ist alles wieder gut, drum ran an den Speck und verliert nicht den Mut. Bleibt noch zu sagen, auch wenn's vielleicht keiner hören mag, „Ich wünsch Euch einen guten Tag!"

In diesem Sinne - Moin

Nachtrag:
Finger sollte man lassen von solchen Fällen, wo Kunden schon wie tollwütige Hunde bellen.
Wo alles in Trümmern und Scherben liegt, egal wo man schaut oder wie man es biegt.
Auch einfache Fälle führen ans Ziel, nehmt's trotzdem gelassen, wie ein ungeliebtes Spiel.

Mal so – mal anders

Moin Moin,

manchmal sind die Tage grau und flau, manchmal Worte nicht so schlau.
Siehst du nur Schwarz oder kannst du sehn die Sterne in der Nacht? Ein Weg beginnt damit, dass man den ersten Schritt macht. Der eine geht ihn forsch und rasch, der andere ganz sacht; ein weiterer schreitet voran mit aller Macht.

Himmel blau oder doch grau? Vielleich auch voll mit mehr als einer Geige? Stets zu bedenken vor wem man sich beugt und verneige.
Zählst du die Regentropfen oder möchtest singend durch den Regen gehn? Kannst du den Sonnenschein vielleicht schon sehn?

Heute noch einmal recken und strecken, dann werde ich mich eine Weile verstecken! Tage kommen und Tage gehn, nach meinem Urlaub werden wir uns wiedersehn.
Manches kann man zwar lesen, doch nicht verstehn, manches nur ohne Verstand und mit dem Herzen sehn.

Ein kleiner Gruß noch ganz zum Schluß, weil ich es einfach sagen muss (na ja, will)
Was immer auch der Tag noch bringen mag - Ich wünsch Euch einen tollen Tag!

In diesem Sinne - MOIN

Freitag der 13.

Moin Moin,

Der Donnerstag verschwand geschwind und nun der Freitag
schon beginnt. Freitag der 13. – oh welch ein Graus,
gehn hier gleich die Lichter aus?

Keine Panik, hört was die Statistik sagt,
Katastrophen passieren am 12 - an einem Donnerstag!
Wobei.. hmm das schlimmste schon passiert, wenn jemand
von Line Control uns mit seinem Bildschirm malträtiert.

Mal schaun was heute passiert und alles geht, für das was
nicht geht, ist es vermutlich ehh zu spät.
Der Kaffee ist pünktlich bereit und steht neben mir, na das
gleiche wünsch ich dir!
Bei Problemen in digitalen Bereichen, sollte man ins analoge
ausweichen, im Klartext also, damit auch ich das verstehen
kann, statt Email, ist auch mal ganz nett, wenn ein Brief
kommt an.

So für einen Freitag sind's der Worte jetzt aber genug,
lauf noch schnell rum mit meinem virtuellen Hut.
Hoffe euch geht's allen gut, drum zum Abschluss sei noch
kurz gesagt "Habt alle einen angenehmen Tag!"

In diesem Sinne - MOIN

Alles anders

Moin Moin,

wenn man mal freundlich in die Runde grüßt,
das oft sogleich den Tag versüßt.

Mit Sack und Pack den Berg hinauf,
keiner hält uns dabei auf.
Das Bergfest winkt, das ist doch toll
oder habt Ihr von der Woche schon die Nase voll?

Nicht zu viel Grämen oder Meckern,
bitte auch nicht den Kaffee verkleckern.
Von Missmut wird zu Elan gewendet,
heute wird nicht mal die letzte Sekunde verschwendet.

Von Panne eins zu Panne zwei, ist da etwa System dabei?
Gerüchteküche sagt: "Alles ändert sich!"
Hast du mehr Info? Komm schon sprich!
Also im Falle des Falles, es ändert sich alles oder bleibt doch
wie es ist, so das keiner die Überraschung vermisst.

Irgendwie bekommen wir die Wochenmitte auch getan,
klingt doch schon mal nach einem guten Plan.
Daher ich euch jetzt nicht weiter plag,
wünsch einfach noch einen schönen Tag!

In diesem Sinne – MOIN

Dirty D und wie er den Tag sieht

Moin Moin,

neuer Tag und schon geht es los,
ach ist dass nicht grandios?
Mach sich so die gute Stimmung breit,
dann ist ER bestimmt bereit!

Was kommt jetzt? Ihr ahnt es schon?
Dirty D verbreitet Spott und Hohn.
Will nichts böses, dideldum,
treibt zum Spaß verbreiten sich bei uns rum.

Sind die Witze hol und abgeflacht,
Dirty D trotzdem darüber lacht.
Hat wer einen Ohrwurm schon verbreitet?
Dirty D gerne dazu verleitet.
Wenn es ganz still wird, gib gut acht,
Dirty D womöglich was verrücktes macht.
Der schwarze Freitag Bestürzung hervorruft,
Dirty D nur freudig, grooved.

So könnt der Tag nicht schöner sein,
trotzdem ich noch ganz schnell sag:
"Habt einen freudigen und spaßigen Donnerstag!"

In diesem Sinne – MOIN

Trotzdem schöner Montag

Moin Moin,

Es gibt so viel zu erzählen und zu erleben,
so viel zu verstehen und zu bewegen.
Minister "Leiserfluß", ach wie gemein, stimmt uns jetzt
schon wieder auf einen harten Herbst ein.
Hey mal ehrlich muss das sein?
Besser heute noch als Irgendwann, wann fängt ein normales
Leben wieder an?

Was gibt's noch das man heut sagen kann...
ach ja da ist ja noch der kleine Mann.
Klein Vlad mal nicht den Pfähler spielt, sondern als wilder
Zar mit seinen Raketen daneben zielt.
Lieferungen nach Osteuropa hat er jetzt auch noch gekillt,
irgendwie scheinbar total falsch geskillt!

So das war's zur Politik, heut ist Montag ist doch schick!
Alles fängt von vorne an, mal schaun was man aus dieser
Woche machen kann.
Verderben lasst den Tag Euch nicht, vielleicht ein Bär ganz
weise über Ruhe und Gemütlichkeit zu euch spricht.
Drum in die Woche mit guter Laune starten, lassen Kunden
nicht zu lange warten. Stimmen dann auch noch die AWC
und NPS, läuft doch alles ohne Stress.

Daher auch heute sei noch schnell gesagt:
"Habt alle einen schönen Montag!"
In diesem Sinne – MOIN

Kommen und gehen

Moin Moin,

Raum für Stille gibt es hier nicht, da ist immer eine Stimme die zu dir spricht.
Ist es der Kunde, der Kollege oder auch mal die kleine Stimme die tief in dir ist und zu dir spricht weil du bei der Arbeit eingeschlafen bist.

Manchmal Kollegen kommen, manchmal sie wieder eigenen Wege gehn, man freut sich (vielleicht) auf ein Wiedersehn.
Wenn über gemeinsamme Zeit auch noch Freundschaften zu Stande gekommen, macht einen ein Abschied etwas benommen. Doch dazu Vermutlich ein ander mal mehr... nur heute so viel - werde vermissen dich sehr (DER/DIE jenige wird's verstehen, glaub ich)

Wir lernen das Farben regieren unsere Welt,
egal ob Rot, Gelb, Grün oder Schwarz-Rot-Gold es ist
manchmal auch Blau-Gelb oder Weiß-Blau-Rot in den Fokus gestellt. Was man dazu nur sagen kann - alles Mist!

Auch heute wir uns Richtung Bergfest begeben,
nach des Kunden und unserem Besten streben.
Was jetzt noch bleibt ist, dass ich es heut auch sag
"Habt alle einen freudigen Tag!"

In diesem Sinne – MOIN

007 lässt grüßen

Moin Moin

Hilfe Hilfe, oh nein, oh nein, muss es denn schon wieder Montag sein? Neue Woche muss das sein oder wird's vielleicht ja doch ganz fein?

Leben und sterben lassen, bei Liebesgrüßen aus Moskau nicht erblassen. Mit einem Feuerball den Moonraker streng geheim starten, denn der Morgen stirbt nie, lässt man den Mann mit dem goldenen Colt nicht warten.
Im Casino Royal, auf der Suche nach einem Quantum Trost, hat man keine Zeit zu sterben.
Wird man im Angesicht des Todes vom Diamantenfieber gepackt, kann es einem schon die Jagd auf Dr. NO verderben.
Der Spion der mich liebte, war im Geheimdienst ihrer Majestät, mit der Lizenz zum Töten in tödlicher Mission und umhüllt vom Hauch des Todes, wie ein Gespenst mit goldenen Augen oder Octopussy in Aktion.
Trotz des Goldfingers fällt der Himmel, deshalb stirbt man an einem anderen Tag, weil die Welt nicht ist genug und man nur 2x lebt, selbst mit bester Intention.

Wer jetzt kein Wort mehr versteht, gerührt und nicht geschüttelt in die Woche geht.
Nicht nach M oder Q fragen, was würde Moneypenny dazu sagen?
Wünsche Euch nen tollen Restmontag, das so einfach zum Abschluss ich jetzt noch sag! In diesem Sinne – MOIN

Frustrierende Anfragen zum Kontostand

Moin Moin

wieder mal einen tollen Tag gemacht,
Donnerstag uns heute an lacht.
Da steigt die Stimmung, tanzt der Bär,
keine 7 Tage Regenwettergesichter bitte sehr

Wir sind wie immer zwar toll, doch haben von Kontostandsanfragen die Nase voll. Ist auch das Personal etwas knapp, kriegen trotzdem alles gelöst klipp klapp.
Team voller Schwung und viel Elan, was gut kommt bei den Kunden an. Leider zu viel grade krank oder verstecken die sich nur im Schrank?

Wenn dann auch noch die Mäuse auf den Tischen tanzen,
Katzen sich hinter dem Ofen verschanzen,
wie ihr seht, was man auch treibt, Hauptsache die gute Laune bleibt!

Was sonst noch heute kommen mag?
"Mein Wunsch für Euch - ein schöner Tag!"

In diesem Sinne - Moin

Hurra der Montag ist da

Moin Moin

Hurra, hurra, der Montag ist heut wieder da,
hurra, hurra, der Montag der ist da!
Last uns machen Schabernack. Leute ärgern nicht zu knapp
Ja, ich weiß, dass geht so nicht, hier der Wunsch nach Spaß
aus dem Gedanken spricht.

Wochenende für Erholung pur gedacht, der eine schläft, der andere Party macht, doch am Montag sind dann alle wieder am Start, ein jeder so nach seiner Art.
Kundenservice mit Sternchen plus, man's nicht extra sagen muss.

Die Kunden sind viele und die Herausforderungen groß,
doch werden diese von uns mit einem Lächeln bezwungen,
Kunde zufrieden, dass ist doch famos.
Auf das der Tag ganz schnell vergeht, und nicht in Chaos untergeht.

Der Friede auf Erden grad nicht so garantiert,
scheinbar eher die Hölle eingefriert, doch lassen wir uns von trüben Gedanken nicht den Tag versaun, sondern positiv in die Zukunft schaun.

Also auf meiner Uhr bereits vergangen ist ne Stunde und der Zeiger auf der nächsten Runde.
Schritt für Schritt die Zeit vergeht, bis am Ende alles auf Feierabend steht.

Bis dahin lasst euch nicht nehmen den Spaß und immer schön nicht zu schnell aber mit nötigem Gas.

Zum Abschluss ich jetzt nur noch sag:
„Habt alle einen guten Wochenstart!"

In diesem Sinne – MOIN

Helfende Hände

Moin Moin,

wieder mal die Freude groß, trotzdem eine Menge los.
Gemeinsam dieses Leid wir tragen, wenig jammern und nicht klagen.

Se io avessi saputo, t'avrei dato un aiuto [35]
Helfende Hände sind gereicht, so wird selbst schweres manchmal leicht.
Ist die Welt wunderschön und bunt, läuft so manches richtig rund. Eher grau und irgendwie fad, vergiss es, Morgen ist ein neuer Tag!

So kommt ein Tag und wieder geht, das Wochenende vor der Türe steht. Es ist Freitag oh wie fein, muss ja nicht grade der 13. sein.

Zum Abschluss keine Welle schlag, wünsch einfach noch einen guten (rest) Tag!

In diesem Sinne - MOIN

---

35 Ital. frei übersetzt: wenn ich es gewußt hätte, hätte ich dir geholfen

Vizefreitag ist im Haus

Moin Moin

mit viel Jubel und Applaus - Vizefreitag ist im Haus!
Auch als schmutziger Donnerstag (Dirty D) bekannt,
mehr Ferrari als Trabant.
Lässt auf's Wochenende uns schon hoffen, andere Fragen
bleiben offen.
Gute Laune das ist klar, Dirt D ist wunderbar!
Hat oft Blödsinn nur im Kopf, schnappt den Missmut sich
am Zopf. Lässt ein Vorgang sich heute nicht lösen,
lass ihn doch noch einige Stunden dösen.

Wenn du heute schlechte Laune hast,
Dirty D ein Lächeln dir verpasst!
Ein dummer Spruch zur rechten Zeit und ein Lachen macht
sich breit.
Dirty D, der Spezialist, weiß immer genau was Sache ist.
Keine Lösung ist ihm fern, ob diese immer so gut ist, steht
auf einem anderen Stern!
Frech und fröhlich er uns grüßt, spielend leicht den Tag
versüßt.
Singen, tanzen, jubilieren, schlechte Laune schnell einfrieren.

Heut zu enden ich noch sag:
„Habt alle einen tollen Vizefreitag!"

In diesem Sinne – Moin

Mathematik zur Wochenmitte

Moin Moin

wer die Zahl oder Bilder der Sterne nicht kennt,
vermutlich wie ich planlos durch den Himmel rennt.

Ein kleiner Punkt hier, ein heller Fleck da,
im großen Wagen? am Polarstern? was soll das trara?
Wer etwas von Orientierung versteht, freut sich wenn plötzlich gar nichts mehr geht.

Mann nehme einen Fixpunkt und ziehe die Linie von A nach B, als weitere Punkt kommt dazu noch das C und schon nicht mehr ganz so doll im Regen ich steh.
Hat man so die Orientierung wieder gefunden, ist Hürde eins auch schon überwunden.

Der nächste Schritt zwingt einen fast in die Knie, warten und hoffen auf die IT (engl Aussprache eitie) und dabei noch "Froh und Munter sein" und startet zu stopfen Weihnachtskekse und Dominosteine hinein.

Auf 's Weihnachtslicht dieses Jahr bitte verzichten, hier und da darf 's mal eine Kerze richten.
Die ersten Weihnachtslieder dann erklingen, wenn wir noch mit Helloween-Folgen ringen.

So jetzt noch etwas in die Ferne blick, hier und da war's schon ganz schick.

Rund 10 Wochen noch und wieder ein Jahr ist vorbei, zum Abschied mags enden ganz ohne Geschrei.
Was gut war, das darf gerne bleiben, alles andere ganz schnell vertreiben.

So noch mal schnell den Focus auf heute ausgerichtet,
dabei auf Klagen und Maulen verzichtet:

1 hoch und 3 im Sinn, irgendwie kriegen wir's schon hin,
plus Bergfest, geteilt durch Adam Riese, multipliziert mit neuem Schwung und frischer Briese, dazu hier und da ein alten Griechen angewendet (Pythagoras und Co) dabei keine Zeit verschwendet und zum Abschluss eine Stückchen Gauss...

(dramatische Pause für den Effekt)

... und dann kommt da was ganz komisches raus!

Drum ganz schnell ich weiter muss, aber nicht ohne letzten Gruß.
Kopf und Augen heute nicht so recht wollen, trotzdem werde ich jetzt nicht schmollen und sage was ich schon so oft gesagt: „Habt alle einen tollen Tag !!!!!"

In diesem Sinne - Moin

Auf zum Bergfest!

Moin Moin

Planung, Termine trallala und schon ist der Mittwoch da.
Wurde das eine Loch grade gestopft, hoffen wir mal, dass nichts neues an anderer Stelle raustropft.

Der Kaffee wirkt und mit viel Schwung gingen die ersten Stunden schon mal rum.
Mal wieder zu viele Tickets ungetan, hier hilft bald nur noch ein Masterplan.
Ich hab ihn nicht, hast du ihn vielleicht?
Wenn das Thermometer steigt statt zu fallen,
wird gar nichts erreicht.

Würde gerne Bilder von blühenden Landschaften malen,
der Gedanke verfliegt, beim Blick auf diverse Zahlen.
Verbringen die meiste Zeit damit zu trösten den Kunden,
Verzögerungen und Tickets drehen fleißige Runden,
doch keine Bange, denn alles wird gut – irgendwann.
Irgendwer zaubert eine Lösung aus dem Hut,
bis dahin weiter mit den Kaninchen hoppeln und hoffen das Rechnungen und Tickets sich nicht mehr verdoppeln.

Verliert nicht den Glauben, die Hoffnung oder gar den Mut,
alles wird besser, vielleicht sogar gut!
Mit Freude und Spaß geben wir auch heute wieder Gas,
darum zum Ende ich nur noch sagen kann:
"Auf zum Bergfest! Den Rest sehn wird dann!"
In diesem Sinne – MOIN

Halloween

Moin Moin

Heute ist Halloween, seht ihr die Geister durch die Straßen ziehn? Wer kann dem Unheil wohl entfliehn?

Die längste Nacht des Jahres bereits vorbei,
kam ganz heimlich ohne viel Geschrei.
Vorm Totentanz wohl keiner ist gefeit,
sind doch die Toten schon zum Tanz bereit.

Heute ist Halloween, seht ihr die Geister durch die Straßen ziehn? Wer kann dem Unheil wohl entfliehn?

Vampire geben sich ein Stelldichein,
denn wer trinkt in dieser Nacht schon gern allein?
Die Zombies aus den Gräbern springen,
kleine Runde mit Michael tanzen und singen.

Heute ist Halloween, seht ihr die Geister durch die Straßen ziehn? Wer kann dem Unheil wohl entfliehn?

Kürbisgrimassen überall am Wegrand stehn,
beim besten Willen nicht mehr zu übersehn.
Sollen schützen vor dem bösen tun, damit gute Seelen sich können ausruhn.

Heute ist Halloween, seht ihr die Geister durch die Straßen ziehn? Wer kann dem Unheil wohl entfliehn?
Wenn Kaffee plötzlich rot wie Blut,

zu viel Schabernack tut selten gut.
Etwas Süßes sei dir schnell gereicht,
schlechte Laune, miese Stimmung so ganz schnell entweicht.

Heute ist Halloween, seht ihr die Geister durch die Straßen ziehn? Wer kann dem Unheil wohl entfliehn?

Sind die Messer schon gewetzt,
gebt gut acht, dass sich damit keiner verletzt.
Ein kleiner Grusel schlicht und fein, darf es heute wohl mal sein.
Knochen, Schädel, Würmer und Spinnengetier,
nur heute der gute Ton und eine Zier.

Heute ist Halloween, seht ihr die Geister durch die Straßen ziehn? Wer kann dem Unheil wohl entfliehn?

Die Nebel aus Furcht und Angst sich irgendwann mehr und mehr auflösen,
in die Ferne vertrieben, wenn wir im Sonnenschein dösen.

Alles vorbei!
Doch nur damit Ihr es wisst, vermutlich auch nächstes Jahr wieder Halloween ist!

In diesem Sinne - Happy Halloween!

Täglich grüßt das Murmeltier

Moin Moin,

täglich grüßt das Murmeltier,
auch heute sind wir wieder hier.
Ist der Tag noch richtig frisch,
kommt der Kaffee auf den Tisch.
Schnell 2 Liter konsumiert,
ist schön warm, so die Hand auch nicht friert.

Der Tag kann kommen, bin dann so weit,
ob's wirklich schön und gut wird, dass zeigt die Zeit.
Kaum dran gedacht, es könnte ein schöner Tag sein,
flatterts AHAD – Kommando und Umfragen rein.

Das Wetter ist heiter, das macht einen doch froh,
kann nicht viel ändern, es ist nun mal so.
Die Nasen justiert und gereinigt, der Tee ist verputzt
hoffen wir mal, dass es was nutzt.

Mal schauen, was uns heute, so alles gelingt,
hoffen wir mal der Tag nur Gutes uns bringt.
Lasst euch verderben nicht den Tag,
genießt ihn, so wie jeder es mag (und die Arbeit erlaubt).

In diesem Sinne – MOIN

Nachdenken

Moin Moin,

wer zu viel nachdenkt in der Nacht,
wird leicht um seinen Schlaf gebracht,
dazu noch über 20 Gard,
da wird's des Nachts mit schlafen doch schon was hart,
im Zweifel verbringt man die Zeit mit lesen von "Clever & Smart" [36]

Als Gleiche unter Gleichen standen sie der einst zusamm,
doch wenn ich die aktuelle Situation seh,
dann wird mir doch ein wenig Bang,
schon an Kleinigkeiten es zu sehn,
möchte jemand höher stehn!

Schneller Wechsel zur Politik,
mit einem hoffentlich nicht getrübten Blick.
Ein Nationalfeiertag wird heute begangen,
doch kann man nicht feiern sondern muss bangen.
Lasst uns hoffen auf bessere Zeiten,
auf das keiner sich lässt zu Dummheiten verleiten.

Was bleibt zum Abschluss noch zu sagen?
„Habt alle einen schönen Tag, Spaß und Freude wollen wir trotz allem wagen!"

In diesem Sinne - Moin

---

[36] Clever & Smart - Comicserie die in den 80er Jahren sehr beliebt war

Halbfinale

Moin Moin,

wenn Dienstags der Hahn kräht auf dem Mist,
ändert sich nichts oder bleibt wie es ist.
Dienstag Morgen, Trauerspiel?
Viel Kopfschütteln, Aktionen weit vorbei am Ziel.
Kaum die Woche begonnen,
nur offene Fragen, doch davon Tonnen.

Zum anderen Thema ganz geschwind,
wie schön das alle doch noch im WM Fieber sind.
Nachdem man Finger sich an anderen Themen hat verbrannt,
nur noch Blick auf's Spiel und das gebannt.

Beißen sich die Franzosen die Zähne an der Marokkanischen Mauer aus?
Schickt Modric, Messi oder Messi Modric nach Haus?
In wenigen Tagen die WM ist aus,
egal wer's wird, der Weltmeister erntet Applaus.

Langeweile geht und der Winter ist da,
laufende Nasen, kalte Hände, ohh wie wunderbar.

So komme ich zum Ende und ganz schnell noch sag:
„Es ist zwar erst Dienstag, doch vermutlich auch kein schlechter Tag!"

In diesem Sinne – MOIN

Wer hätte das gedacht

Moin Moin,

Freitag oh wie ich dich mag, so eine schöner Wochentag.
Der Montag vergessen, das Wochenende im Sinn,
komme was da heute wolle, wird bestimmt nicht so schlimm.
Wer hätte das gedacht, heute schon der Freitag lacht.
Blockierend in der Tür er steht, dahinter ihr das Wochenende seht.

Wer immer es mag kann auch heute extra Meilen gehen,
bin heute zu müde und bleib lieber stehn.
Wer den gestrigen Newsletter schon gelesen hat,
der freut sich riesig oder ist platt.
Einschränkungen über die sich jeder doch freut,
na ja vielleicht Morgen und doch nicht grade heut.

Die dunklen Wolken noch mal schnell zur Seite gewischt,
wie ein ICE durch den Tag gezischt.
Mit Deutschlandticket für 49 € beim Schwarzfahren erwischt;
psst! Nicht so laut wenn der Kanzler spricht,
sonst hört man nicht, wie er China erklärt den Investitionsverzicht oder was immer auch sonst er dieses mal verbricht.

Oh jetzt hab ich doch wieder irgendwie etwas geklagt,
nicht das da ein Verschwörungstheoretiker an mir nagt.
Herr X und Herr P tun sich nicht weh,
uns Plattfisch (Scholle) dazwischen, dann macht es pling,

mit einem doppel Wums ist ehh alles hin.

Glaube und Hoffnung noch immer bestehn,
die Zukunft könnte in den Sternen stehn.

Drum lasst den Tag euch nicht verderben und ihr in tapfer übersteht, mit einem Lächeln auf den Lippen dann ins Wochenende geht.

In diesem Sinne - MOIN

Dienst ist Dienst

Moin Moin

Dienst ist Dienst und Schnaps ist Schnaps,
nehmen wir den Dienstag mit einem Happs.
Der Zauberspruch der alles grade biegt,
mir grade nicht auf der Zunge liegt.
Was eigentlich ist heute schnell getan,
packt bestimmt ein anderer an!
Wenn das, was gelöst ist, doch noch immer quält,
man besser die Anzahl der Vorgänge nicht zählt!
Systeme die dann auch noch machen was sie wollen,
bringen den Alltag ganz schön in rollen.

AHAD so nebenbei nicht grade den Tag versüßt,
doch bleibt nichts als, dass man von Fall zu Fall weiterdüst.
So geht der Tag, die Zeit vergeht, doch leider nicht rennt,
Ticket für Ticket und aufpassen, dass man nichts verpennt.
Drum lasst uns froh und munter sein, lasst Freude in die
Herzen rein, lustig, lustig, tralalalala - oh wie schön, dass Ihr
seid alle da, denn eines das ist doch Glasklar - nur so wird
dieser Tag noch wunderbar!
Friede, Freude, Eierkuchen, dann woll'n wir mal den
nächsten Fall verbuchen [37]
Zum Ende noch ganz schnell gesagt:
"Ich wünsche Euch noch 'nen schönen Tag!"

In diesem Sinne - MOIN

---

[37] wollte ja verfluchen schreiben, aber dass muss ja nicht sein

In manchen Zeiten

Moin Moin,

traurig und schade, wie schnell es doch passiert,
wie schnell man sich aus den Augen verliert.
Wie sich Wege manchmal trennen und wir in andere Richtungen rennen. Warum hat nur diese Welt, alle Freude abbestellt? In manchen Zeiten geht es oft nur um das Geld, was ja ehh meistens uns allen fehlt! Doch heute sich auch die Frage stellt, was zählt und uns gefällt, nur noch leben in Furcht und Angst, plötzlich alles was du kannst?

Dreh doch mal die Musik wieder ganz auf LAUT und lass die Boxen krachen, lasst uns alle wieder lachen und auch mal verrückte Sachen machen. Manchmal kommt es auf die Persepektive an, ob man lachen oder weinen kann. Lasst auch mal dei Korken krachen, hörr ich da dass erste Lachen?

Ja so soll es auch am Mondtag sein, alles andere nicht so fein. Sind die Fragen in Chat und am Telefon erst einmal mit Antworten versehn, kann es auch gleich weiter gehn.
Da alle sehr beschäftigt sind, verschwinde ich jetzt ganz geschwind, doch auch heut, ahnt ihr's schon? Dann ganz fröhlich und ohne Hohn,
Ich ganz schnell hier noch sag: "Habt alle einen schönen Tag!"

In diesem Sinne – MOIN

Mal wieder Mitte der Woche

Moin Moin,

es war Mittwoch und das Bergfest rief, als der Chatsupport noch im Dornröschenschlaf schlief. Der Tag hätte können sein so wunderbar, doch jetzt sind diese Fragen von gestern schon wieder da... also wie war das doch... 1 zu und dann 2 neu, ob ich mich darüber wirklich freu?
Neue Prozesse gehen heute an den Start, zumeist wird das jedoch nicht ganz so hart,

Ich frage mich, bin mal gespannt, zu tun scheint sich ja allerhand, zumindest bekomm ich grade Einladungen noch und noch, dabei mach ich sowas doch sonst nicht oder doch?

Da bei den anderen Teilnehmern überall ein Q ganz vorn im Positionstitel steht, mir mit meinem kleinen P doch glatt die Panik oder nur ein Fragezeichen im Kopf rumgeht?

Man lebt halt in interessanten Zeiten, werden in bessere Tage wir gleiten? oder doch mal wieder großer Qualm und lauter Schall, bevor es kommt zum großen Knall?

Da hierzu die Glaskugel noch dunkel ist, kommts heute nur drauf an, dass man nicht vergisst, dass mit einem Lächeln und Freude man die dunklen Gedanken erst gar nicht vermisst.

In diesem Sinne - noch viel Spaß und einen schönen Resttag!
MOIN

Keinen Plan und davon viel

Moin Moin,

der Montag ist geschafft - heute schon der Dienstag lacht.
Was wohl dieser Tag uns bringt ?
Wo schon der Name so nach Arbeit klingt?
Wir werden sehn und werden lachen, einfach mal wieder das Beste daraus machen.

Stück für Stück macht sich die Freude breit, seit zur Weihnachtszeit bereit. 3 Tage noch - hipp hipp hurra, sind schon alle Geschenke da?

Wer sich heut aufregt ist selbst Schuld, gehn wir es an - mit Ruhe und Geduld. Bleibt der Blutdruck dann im Keller, geht die Arbeit vielleicht schneller?
Keinen Plan und davon viel, kommt man doch (irgendwann) ans Ziel.

So nach so viel blabla am Morgen, verteib noch schnell die letzten Sorgen. Tu es so wie gestern schon, wünsch Euch nen "schönen Tag" und das ganz ohne Hohn.

In diesem Sinne – MOIN

Schwerer Wochenstart

Moin Moin,

viel zu früh und ich's gleich sag, den Montag meistens ich nicht mag.
Woher nehmen gute Laune? und nen Reim?
so früh in der Woche fällt einem doch nicht ein.

Der Morgenkaffee auch nicht wirkt und ständig wer mit Fragen stört, so'n Start in die Woche ist doch unerhört.
So sitz ich hier, mein Herz ist rein... könnte jetzt gerne auch woanders sein.

Im Millennium Falken zu den Sternen fliegen oder wilde Orks besiegen, mit nem Schneemann Lieder singen oder mit den Affen durch die Wälder schwingen.

Doch bin hier in warte Position - huch da kommt die nächste Frage und so geht's den ganzen Morgen schon.
Nachher Tickets für die IT, tun bestimmt nur halb so weh, doch irgendwie ich mich heute da gar nicht seh.

Nun das ganze hier doch kommt zum Ende, freu ich mich auf gewogene Hände und zum Gruß ich auch noch sag "Trotz allem, habt nen schönen Tag!"

In diesem Sinne – MOIN

Mit Schwung...

Moin Moin

Mit einem fröhlichen Gruß in den Tag,
so ein jeder es doch mag!
Der Donnerstag heut fröhlich grüßt,
was die Stimmung gleich versüßt!
Ohne Last und ohne Not, heute sieht mal keiner Rot.

Lasst den Tag beschwingt beginnen,
aber bitte bitte dabei nicht singen!
Kann das Leben schöner sein?
Ja durch aus, aber grade ist's ganz fein!

Hab noch TÜV, nur kleine Kratzer im Lack,
aber ansonsten noch gut auf Zack.
Wie ihr sehr, mir geht's vermoss, leg dann mal mit der Arbeit los. In der Tasse der Kaffee duftet schon, welch bessere Gaumenfreude gibt's als Lohn?

Geht es dann weiter so im Altagstrott, einmal Hüh und dann doch Hott, fehlt mir noch ein letzter Reim, fällt mir ja vielleicht später ein.

Drum jetzt zum Abschluss ich nur sag:
"Auch heute habt nen schönen Tag!"

In diesem Sinne – MOIN

M – wie Montag

M

Mal schaun was der Tag so bringt und wie diese Woche beginnt ?

O

ohne Kaffee geht schon mal gar nix!!!

N

nein, das Wochenende war nicht gut!
zu kurz und mind. eines der 20 Bierchen muss schlecht gewesen sein

T

traurig, es ist 10 nach 8 und ich hab schon keine Lust mehr

A

Alles auf Anfang, irgendwann wird alles gut

G

Gute Laune hatte ich noch nie, deshalb kann ich auch anfangen zu arbeiten

Moin Moin

heute ist so ein Tag an dem 1000 Gedanken schwirren herum, einige ganz clever, andere auch schon mal sehr dumm.
Nicht alles neue ist auch gut, doch Nein zu sagen kostet heuere sehr viel Mut.
Was muss wirklich sein? was ist angemessen?
Was besser gleich ganz schnell vergessen?
Regeln sind zum befolgen oder auch nicht, doch wer nicht im Gleichschritt läuft kommt schnell vor's Gericht.
Blutsbrüder aus der Kinder- und Jugend- oder einer anderen Zeit, viel zu oft und schnell zur Flucht bereit, deshalb wurde

der Weg wie schon so oft allein gegangen, mal wieder versucht Träume ein zu fangen.

Doch wie ein Gartenzwerg im Regen stehn, am Horizont die Sonne untergehen sehn, wenn am Ende alles gesagt und getan, Hoffnung noch lebt und das Essen noch nicht komplett vegan.

Was wirklich zählt ist der Moment, dessen Wert man jedoch erst erkennt, wenn man ihn Erinnerung benennt.
Wenn so zum Schluss am Abgrund wir stehn, lasst den letzten Schritt uns gehen, doch gibt dem Schicksal dabei einen Tritt, Schritt zur Seite oder vielleicht auch zurück.

Danach kann man gemütlich über die Brücke spazieren ohne all zu leicht den halt zu verlieren.
Die Woche ist neu, drum ein jeder sich freu und ich zum Ende nur noch sag:

"Egal was da kommt, macht die richtigen Schritte und
habe alle einen schönen Montag!"

In diesem Sinne – MOIN

Montagmorgen

Moin Moin,

hoppla die und hoppla da und schon ist der Montag da.
Kommt vorbei mit krach und Wind, beides (Wind und Montag) darf verchwinden ganz geschwindt.
Regen und Wind machten viel Krach,
nicht so sehr am Tag, aber die ganze Nacht.
3 Sturmtiefs reichen jetzt auch aus;
der nächste bitte, bleibt zu Haus.

Nun in die neue Woche wir gehn, vor den gleichen Fragen wie letzte Woche stehn
Kaffee mit Zucker? mit Milch? oder doch ganz schwarz er bleibt? So vertreibt man sich gern die Zeit, freudig, immer gut gelaunt, da nicht nur jeder Kunde staunt.

Heut alles läuft und nichts geht schief - Kunden nur wegen vom Winde verwehten Sensoren anrief oder einfach nur um mal zu sagen "Ihr seid toll - schön das es euch gibt, ich hab euch einfach furchtbar lieb!"

Support am Morgen - breitet Kummer und Sorge,
wenn man trotzdem noch Spaß versteht - der Tag ganz wie von selbst vergeht, wie ihr seht, mein Verstand noch in den Sternen schwebt.
Montag Morgen nicht ganz wach, trotzdem allen einen guten Tach!

In diesem Sinne – Moin

In Arbeit schwimmen

Moin ?
Zusammen man kann grunzen oder singen, vereinzelt, nicht gleichzeitig, vielleicht auch noch vor Freude springen. [38]
Egal, was heut auch kommen mag, habt einfach einen Guten Tag!

Moin Moin,
bitte bitte jetzt nicht schrein, es muss auch einmal Dienstag sein. Montag ist schon mal geschafft, darüber froh das Herzlein lacht.
Dem Berg an zu bearbeitenden Tickets, mutig den Kampf angesagt, so das keiner hierbei verzagt. Hier geht's auf, dann wieder ab, nur die Anzahl wird nicht knapp.
Schwimmen in Geld, mir besser gefällt, ach wie gemein ist doch diese Welt.

Der Tag ist jung, die Haare grau, auf in die nächste Runde der kleinen Horrorschau! Nur Mut und irgendwie wird es schon gehn, die Freude groß wenn wir den Feierabend sehn.

Noch langer Weg bis es geschafft, wenn nichts mehr hilft, man am besten (drüber) lacht. Auch wenn's noch keiner glauben mag... es wird bestimmt ein guter Tag!

In diesem Sinne - MOIN

---

[38] aus physikalischen Gründen ist von massenhaft gleichzeitig Springen abzuraten

Schwingen der Zeit

Moin Moin,

einige schöne Tage hab verbracht, dabei wie immer sehr viel nachgedacht, doch will ich all das heute nicht in Reime fassen, manchmal gut es auch zu lassen.

Der Adler der Zeit, seine Schwingen ausbreitet, mühelos durch Gestern, Heute und Morgen gleitet.
Crockett's Thema [39] erklingt, nicht nur alte Erinnerungen bringt; mit coolen Brillen und heißen Wagen durch die Straßen ziehn, als Helden der Stadt, der Realität entfliehn.

Ach was passieren doch für Sachen, meist eher traurig als zum lachen - Angst, Umwelt, Krieg, Corona
Wann überschwemmt eine Welle aus Licht, Hoffnung und Freude dieser Welt Bewohner?

Reimen und dazu Chat Support... nicht so leicht und fast schon Sport! Drum bin ich heute mal wieder sehr spät dran, weil ich nicht 10 Sachen gleichzeitig machen kann.
Auch mit Multitasking geht da nix, drum zum Abschluss noch ganz fix: Wenn der Tag noch nicht versaut, dann euch heute nichts mehr umhaut!

In diesem Sinne - MOIN

---

[39] Musik von Jan Hammer, TV-Serie „Miami Vice"

Morgen Störenfried

Moin Moin,

ach herje, ist es den wahr? Donnerstag! Nicht Freitag da?
Gut dann leg ich mich nochmal hin, denn hab Freitag nur im Sinn.

Früh am Morgen Störenfried, hab euch aber trotzdem lieb. So fängt der Donnerstag doch schon ganz anders an, als man sich das Denken kann. Keine Angst ich beiße nicht, bin nur noch nicht ganz wach... drum hier nur mal ganz schnell Morgen! und nen guten Tach!

Ist der Kaffee schon am Start, wird der Tag auch nicht so hart. Liegt das Schnitzel auf dem Grill, kann da kommen was da will. Wie ihr seht der Tag ist gut und das mach doch richtig Mut. Darum fröhlich, munter, frisch ans Werk und nicht rum stehn wie ein Gartenzwerg.

Komm zu nix, ach - auch egal, mach ich's halt ein andermal. So hat der Tag doch flott begonnen und die erste Stunde schon verronnen.

Doch eins natürlich ich jetzt noch sag:
„Wünsch euch einen schönen Tag!"

In diesem Sinne – MOIN

Superstar

Moin Moin,

Montag Morgen, alles klar, die Woche wird ein Superstar!
Der graue Himmel macht nicht bang, wir gehn 's trotzdem freudig an!
Frischer Kaffee und der Start gelingt, so auch Freude in der Stimme klingt. So ist der Start in die Woche doch ganz leicht, das erste Ziel schon mal erreicht.

Der Zeiger auf der Uhr sich fleißig dreht und der Tag so hoffentlich ganz schnell vergeht. Kommen wir zum nächsten Schritt, auf den ich nehme euch alle mit.

Der Tag ist gut, die Kunden nett, so wie's jeder gerne hätt.
Zum Abschluss daher auch heute gesagt:
"Ich wünsche Euch einen schönen Tag"

In diesem Sinne – MOIN

Veränderungen

Der Mittwoch ruft, die Stunden ich zähl,
noch einmal durch den Tag mich quäl,
ins lange Wochenende ich dann geh,
und euch nächste Woche wieder seh!

Am ersten des Monats uns wieder sehn, 2 Damen dann in die Qualitätssicherung gehen...
Schade Schade, kleine Träne, ungern nur ich Abschied nehme!
Sehen wir es positiv, endlich wer der Ahnung hat, im großen Qualiätsapperat.

Neue Kollegen dann bei uns, machen eher nicht so viel Stress (oder doch?), denn stressiger ist da doch schon, was der Auftragsgeber plant, ihr wisst's ja schon?
Haben wir eine Wahl? Nein, gibt es nicht - drum weiter geht's tue deine Pflicht.

Der Tag startet mit Sonnenschein, drum lass diesen auch in eure Herzen rein.
Maulen hilft nicht, doch befreit, aber dafür ist ein ander mal noch Zeit.
Schont den Blutdruck, habt viel Mut, am Ende wird schon alles wieder gut (irgendwie).

Wer's noch nicht kennt, der lernt es jetzt – Free style ist hier nun mal Gesetz.
So langsam mal zum Ende kommen; wo hatte ich doch gleich begonnen?

Ach ja beim erstmal auf die dunkle Seite ziehn und dann einfach so entfliehn.
Zum Schluss noch in den Arm genommen und viel Glück...
Schaut nach vorn und nicht zurück.

Wenn ich doch noch was zu sagen wag...

"Wünsch euch einen tollen Tag!"

In diesem Sinne - Moin

*Im Kleinen wie im Großen handle nicht unrecht,
sei nicht statt eines Freundes ein Feind!*

Bibel - Jesus Sirach 5,15

Wie im Film

Moin Moin,

ist der Montag erst vorbei, kommt der Dienstag schnell herbei!

Ach was waren das für Zeiten, als man am Fenster zum Hof saß, fröhlich ein Raider aß.
Sich Zurück in die Zukunft wünschte oder den letzten Neuigkeiten aus dem Krieg der Sterne lauschte,
noch nicht jede Kleinigkeit aufbauschte.

Die Zeit mehr und mehr zum Highnoon verstrich,
gleichzeitig der Hund von Baskerville um die Häuser strich.
Das war die Zeit, als Herbie noch voll in Fahrt,
man in der Elmstreet noch hatte Lebensart.

Wie ihr seht aus vielem lässt sich ein Reim machen,
am schönsten wenn man kann drüber lachen.

Hip hip Hurra zum Geburtstag für dich da,
dann wird der Tag noch wunderbar!

Drum ich jetzt geschwind noch sag:
"Habt alle einen tollen Tag!"

In diesem Sinne – MOIN

Pilot und alles neu

Moin Moin,

dunkle Tage, dunkle Gedanken, schwarze Schatten springen über die Schranken, helles Licht erstrahle und diese schnell vertreibt, nur gutes bei uns bleibt.

Geplante Lieferungen sich vereinen, mit denen die im Lager hängen bleiben, Tickets begrüßen oder verneinen, Kollegen sonst darunter leiden.

Anrufeingang mit viel trallala? war so was nicht schon mal da?
Höre viele Pläne und Ideen, was daraus wird, wir vielleicht über den Piloten sehn.
Ob Schnapsidee oder Pulverfass, hoffentlich lachen wir uns nass, nicht das am Ende steht die falsche Norm oder verschwindet doch alles im Silo?
Hoffe nur es wird nicht zu Foxtrott, Uniform, Charlie, Kilo!

Wer sich jetzt auf das Bergfest freut, hat den Tag noch nicht bereut. Drum haltet die Stimmung froh und heiter, dann geht alles vorbei und eh immer weiter.

Ganz schnell einen letzter Gruß ich sag: "Habt alle noch einen schönen Tag!"

In diesem Sinne – Moin

Wochenstart

Moin Moin,
Hurra Hurra, der Montag der ist da!
Klingt das nicht einfach wunderbar?

Schluss mit faul auf dem Sofa liegen,
wieder Dinge anpacken, statt sie zu verschieben.
Die Konsole in die Ecke gestellt
heute geht's wieder um echtes Geld.

So jetzt jeder glaubt, es ist alles verloren,
dem kommt der Wahnsinn ja schon aus den Ohren,
doch keine Angst mir geht es soweit gut,
auch wenn die Erkältung sich noch was wehren tut.

Ich switch dann mal ganz light von Nintendo zu Sony
und hol mir noch schnell beim Endgegner einen kleinen Kaffee – Boni.

Dann freudig in die Woche starten
und auf die "schönen Dinge" (die sicherlich auch diese Woche für uns bereithält) warten.
Knapp, macht Sinn und alles drin.

Montag ist halt auch nur ein Tag und es kommt wie es auch kommen mag,´mit Freude und guter Laune an den Start,
dann wird's nicht weniger, aber weniger hart.

In diesem Sinne - einen erfolgreichen Montag!
MOIN

Weltuntergang?

Moin Moin

Nee, nee will hier jetzt keine Panik verbreiten, aber wir leben in appokaliptischen Zeiten!
Erst kroch Pestilenz über die Welt, Tod sich wie so oft gerne daneben stellt. Krieg und Hungersnot kamen etwas verspätet hinzu, leider 2 fiese Typen, die nicht so leicht geben ruh.
Dem Chaos leider die Zeit hat gefehlt (wurde womöglich gestohlen), weshalb er uns ja eigentlich immer quält.

Ihr seht der Weltuntergang ist nah, aber Pipi Langstrumpf mit Ihrem Pferd "Friedhelm von Gestern" ist ja bereits zur Rettung da!
So mal wieder 60 % zu Feinden gemacht... die anderen 90 haben herzlich gelacht.

Wie Ihr seht fast alles geht, wenn man nur die rechte Zahl verdreht.

So jetzt ist Herr S mit seinem Screensharing am Start -
heisst? JA, ab jetzt wird es erst so richtig hart!
Weltuntergabg klingt wie ein Küchlein dagegen,
drum gehet es jetzt ans Werk – lasset uns freudig hin streben!

Auch heute ich es nicht verkneife zu sagen,
"Möget Ihr alle einen friedlichen Tag haben!"

In diesem Sinne - MOIN!

Mit nötigem Ernst

Moin Moin,

der Mittowch hat ja schon begonnen,
ach wie ist die Zeit verronnen.
Mir ist es so als würde es gestern sein,
ach wie schön, das fänd ich fein!

Die Woche immerhin schon halb geschafft,
über den Rest man einfach nur noch lacht.
Der Sensor hat beim Kunden total versagt,
- kein Problem, hier ist Ersatz und guten Tag!
Dann dem Kunden noch ein freundliches „auf Wiedersehn" gesagt, auf das er uns so schnell hoffentlich nicht mehr plagt. Uns bei unserer 8 Std. Kaffeepause stört, das ist doch einfach unerhört.

Mit nötigem Ernst und trotzdem Spaß, ach jetzt ich es glatt vergaß, man soll den Tag nicht vor dem Abend loben, na dann noch eine gute Zeit beim austoben!

Wie immer noch am Ende ich sag: "Habt alle einen freudigen Tag!"

In diesem Sinne – MOIN

Wenn einem der Hut .. und so

Moin Moin,

alle die unfehlbar sind, macht Euch bitte vom Acker und zwar geschwind!
Platzt dir der Hut und keiner schaut, wurde wohl zu viel gemault. Ach was soll man dazu sagen, besser nicht weiter hinterfragen.
Schön wenn der Tag schon so beginnt, man sich besser auf anderes besinnt!

Ein freudiges HALLO denen die sind zurück, unsere Herzen singen und tanzen, vor Freude und Glück.
Geändert hat sich gar nicht viel, auch weiterhin alles Freistil.
Sehn wir das Gute, was auch mal gesagt werden muss,
noch heute und Morgen, dann ist erst mal Schluss.

Hmm ob ich wohl jetzt noch was sag?
Ach wisst ihr was, ich genieß einfach den Tag.
Von zu viel ärgern und und und, werden nur die Falten dick und rund. Dann besser doch vom lachen, denn lachen ist gesund.

Nach viel Gelaber und sinnlosem Wort, begebe ich mich dann jetzt hinfort, doch bleibt mir heute auch zum Schluss wie immer noch der letzte Gruß:
„Lasst euch den Tag nicht mürbe machen, weiter geht's und drüber lachen!"

In diesem Sinne – MOIN

Scheibenweltroman

Moin Moin,

wenn das Zwergenbrot in Flammen steht,
old Samuel die Welt nicht mehr versteht.
Ne alte Frau von Igeln singt und dabei gerne einen trinkt.
wo Zwerge auch mit Trollen spielen,
ohne dabei nur nach Diamanten zu schielen,
Werwolf und Vampir den Mensch nicht zerfleischen,
sondern ganz freundlich die Hände ihm reichen.

Wenn einem all das widerfährt,
ist es einen Scheibenweltroman von Terry Pratchett wert.

Zum Bergfest lasst uns fröhlich sein,
seid zum Kunden nicht so gemein.
die erste Halbzeit fasst geschafft,
wenn man (nein dieses Wort wird hier nicht gegendert) da nicht herzlich lacht.

Zum Ende sei noch schnell gefragt:
"Habe ich eigentlich schon Guten Morgen und schönen Tag gesagt?"

In diesem Sinne – viel Spaß und MOIN!

Praxis vs. Theorie

Moin Moin,

ist die Mitte der Woche erst erreicht, geht der Rest doch auch ganz leicht.
Quälen wir uns den Berg hinauf, machen dann zum Bergfest einen drauf. So zumindest in der Theorie, denn in der Praxis passiert sowas irgendwie nie?

So nimmt des täglich Wahnsinns seinen Lauf, na egal ich hoffe doch Ihr seid gut drauf? Mit Humor und guter Stimmung, wir da einst, werden schwelgen in der Erinnerung "Weisst du noch es wart der Tag, an dem es noch Eiscreme für alle gab!"

Biste zu Hause bei sowas du heut nicht wirklich zählst, obwohl du dich doch genauso durch die Hitzewellen[40] quälst! Doch eins da bin ich ganz gewiss, das dafür das Frischluftverhältnis multipliziert mit dem Wohlfühlquotienten, dividiert durch die Anzahl störender Nebenelemente, zu Hause sehr viel besser ist.

Ihr seht, eigentlich egal, ob hier, ob da, beides kann sein eine Qual [41] So jetzt hab ich genug herumlamentiert, das eine oder andere mal ausprobiert, der Tag kann kommen, alles klar! Hauptsache mein Morgenkaffee ist schon da!

---

40 Hitzewellen... nicht Wallungen

41 Eigentlich wollte ich ja schreiben ein Quell der Freude, aber passt weder in den Reim, noch kann ich sooo ein Lügner sein

Egal welch Qual euch heute durch den Tag begleitet,
seit dadurch bitte nicht verleitet, zu vergessen etwas Spaß zu
haben und vielleicht zu lachen, dann werden wir es schon
durch diesen Mittwoch machen!

Drum sei auch heute wieder mal gesagt:
"Habt alle einen coolen Tag!"

„Ich meinte", sagte Ipslore bitter, „was gibt es in dieser Welt, das das Leben wirklich wertvoll macht?"
Gevatter Tod dachte darüber nach: „KATZEN", sagte er schließlich.
„KATZEN SIND NETT."

(Terry Pratchett)

In diesem Sinne – MOIN

Silvester

Moin Moin,

ein kleiner Reim?
Das ist nicht schwer, nehmt irgendwo die Worte her!
Wer zu viel um die Ecke denkt,
sich auch mal leicht das Hirn verrenkt.
Der Reim kann fein oder schlicht oder auch ganz anders sein,
fall'n dir nur die Worte ein.

Das Jahr sich nun gen Ende neigt, was wurde da nicht alles so vergeigt? Besser wird's im neuen Jahr!
Zumindest glaube kann man's ja.

Wenn die Stunden so vergehn, wir bald auseinander gehen, [42] sehn uns dann im Neuen Jahr, darauf hipp hipp und ein Hurra. Bis dann, machts gut, auf Wiedersehn; allen soll es gut ergehn.

Das Jahr langsam zu Ende geht, ein letzte Reim jetzt hier steht. Sag ich's auch heut? Ob ich es wag?

„Wünsch allen einen tollen Tag"

In diesem Sinne – MOIN

---

[42] und ich meine nicht in die Breite

Kurz und knapp

Moin Moin,

ist es wahr? Kann das denn sein?
Lad euch zum letzen Mittwoch (im Januar) ein.
Mir ist als wenn es gestern war,
man wünschte sich „Frohes neues Jahr"!

Na wer hätte das gedacht,
dass so schnell der erste Monat ist vollbracht.
Hab keine Liste, oh wie fein,
dann schau ich halt in Stornos rein.
Und die Tage ziehn ins Land,
klingt irgendwie sehr wohl bekannt.

So lasst uns diesen Tag jetzt starten und nicht länger auf besseres Wetter warten. Seit froh und munter und ihr werdet sehn, auch dieser Tag wird schnell vergehn.

Noch schnell eine Tasse Kaffee präpariert, vielleicht auch noch was ausprobiert.

Was uns der Tag an Gutem bringt? Am Ende man voll Freude singt? Wer weiß? wer weiß? – Ich? weiß es nicht!

Ein kluger Mann am Ende spricht:
„Egal was heut auch kommen mag, ICH wünsch EUCH einen guten Tag!"

In diesem Sinne – MOIN

Hinter der Fassade?

Wenn die Zeit des Gauklers ist vorbei
und dunkle Schatten springen herbei,
kann irgendwer noch diese Welt verstehn?
Sollte man versuchen hinter die Fassade zu sehn?
Wer kann erklären, wie das alles passiert ist und was soll der Mist?
Wer kann sagen warum in manchen Ländern
„Bombenstimmung" ist?

Warum ist ein Status wichtiger,
als was du machts oder kannst?
Warum Solidarität gepredigt wird,
wenn letztendlich doch alles gegen dich verschwört,
weil du nicht eines Ministers Wort erhört?

Scheinheilige Worte kosten dein und mein Geld,
keiner macht was ihm gefällt.
weil nur der Wille der Regierung zählt.

Trage Maske und mach den Test,
Nein zu ER und SIE doch was ist los mit ES?
Schade, dass keiner mehr nachdenkt,
ach ja, vergaß, dass der Verstand ja schon lange abgehängt.

Heut erst angekommen, will ich prompt wieder gehn,
geht es dir auch so? kann ich verstehn!

Neben der Arbeit, schwirrt vieles im Kopf rum,
einiges clever und vieles auch dumm,

trotz allem was ich hier jetzt der Hand diktiert,
hoffe ich das keiner im Zorn reagiert.

Zum Schluss ich noch sagen mag,
egal was ist und was noch kommt,
weshalb ich es auch heute wieder wag,
drum sag ich's jetzt auch prompt:

"Habt alle einen schönen Tag!"

In diesem Sinne – MOIN

Woche fast geschafft

Moin Moin,

die Woche neigt sich dem Ende zu,
doch auch Donnerstag gibt's keine Ruh.
Wer keine Liste hat, von A dann zu B schwenkt,
hier wird alles gut gelenkt.
Schon sind die Listen für die Abarbeitung verteilt,
ob einem damit Gutes wohl ereilt?

Egal ob schweben, hängen oder stehn,
irgendwie wird der Tag rum gehn.
Kaffee am Start - alles top,
dann frisch ans Werk hopp hopp.

Herr S geht mit guten Beispiel hier voran,
schon um 8 man seinen Bildschirm sehen kann.
Ich weiss nicht wie ihr es seht, mir dabei der Spaß vergeht.

Auch egal und bitte keine Panik, sind ja hier nicht auf der Titanic. Fühlt sich manchmal zwar so an, gehn wir an die Sache trotzdem ran.

Habt Spaß und ruhig etwas Freude pur,
bei Ärger eine lange Zündschnur.
Was immer sonst noch kommen mag,
wünsch trotzdem einen schönen Donnerstag!

In diesem Sinne – MOIN!

Helden des Tages

Moin Moin,

einen wunderschönen Morgen ihr Helden des Tages!
Mit blumigen Worten ich grüße und sage es,
der Vizefreitag heute im Haus... ach ja, hab gehört auch der Auftraggeber tobt sich im Center wohl aus?

Lasst uns sie grüßen, den Tag noch versüßen,
der Kaffee ist frisch - nehmt die Füße vom Tisch!
Was sich aus diesem Besuch mal wieder ergeben mag,
erfahren wir nie oder an einem anderen Tag!

2x Montag in einer Woche geschafft,
an allen Ecken und Enden die Kräfte zusammen gerafft.
Die Anzahl an AHOD[43] kann man ja fast schon gar nicht mehr zählen, Live-Situations-Analysten mit dauergeteiltem Bildschirm tun einen quälen.

Doch wollen wir nicht zu viel klagen, maulen und motzen
und wehe ich höre jemand findet's zum ...
sinnvoller Weise noch mal durch den Kopf gehen lassen.

So genug der unschönen Dinge, auch keine Bange, ich jetzt kein Ständchen singe, doch auch heute ich natürlich sag:
"Habt Spaß und genießt den Tag!"

In diesem Sinne – MOIN

---

43 All hands on deck – alle Hände werden benötigt um das Werk zu schaffen

Woche fast geschafft

Moin Moin,

der Donnerstag ganz frisch am Start, was wirklich zählt, der Freitag naht. Schon kleine Dinge machen froh, so ist das halt, mal so mal so.

Auch heute wieder viel zu tun, schaffen, schaffen und nicht ausruhen. Jetzt kommt bestimmt die Frage:
„Was ist los? hat der noch alles im Schrank?"
darauf ich munter sage: „Nein alles gut, bin nicht krank"

Quatsch verbreiten am frühen Morgen,
hilft beim vertreiben von Kummer und Sorgen.
Drum mit nem Lächeln an den Start, wird es zwischen durch vielleicht auch mal hart. Denkt nur dran, bald ist's vorbei
und das Wochenende frei!

Drum sage ich ganz froh und munter,
auch wenn die Welt grade geht unter,
es interessiert mich nicht, heute geht sie ohne mich!

So genug von all dem blabla, jetzt sind ja alle wieder da.
Auch heute ich es wieder wag und wünsch Euch einen schönen Tag!

In diesem Sinne - MOIN

Wenn der frühe Vogel

Moin Moin

Wenn selbst das neu Jahr wird langsam alt,
lässt einen doch so manches kalt.
Morgens Support und was kommt dann?
Welchen Berg wir heute gehen an?

Noch ist die Woche frisch,
drumm gute Laune auf den Tisch,
keine Bange du wirst sehn,
sie wird dir eh ganz schnell vergehn.

Bei uns lernt man zu denken in Sekunden,
dabei geht es normal eher um Tage oder Stunden?
Ist die Woche noch so jung und schon Klagen?
Na ja, was soll ich dazu sagen?

Wenn der frühe Vogel hat den Wurm gefangen,
wie es schon die alten Lieder sangen,
ist mir das egal, bin nicht darauf erpicht,
denn Würmer essen mag ich nicht!

So lasset uns nun mit einem Lächeln in die Woche starten,
alle Kunden brav schon auf uns warten.
Mir bleibt noch eins, drum ich es sag:
„Habt alle einen guten Tag!"

In diesem Sinne - MOIN

Auch Regentage sind schön

Moin Moin,

hörst du die Regentropfen, wie sie freundlich ans Fenster klopfen?
Ohne hast, manchmal mit oder auch mal ohne Radau,
Regentropfen sind schon schlau!

Wer mit den Zwergen trällert "Hi-Ho",
ist auch an grauen Tagen froh.
Wer richtig ausspielt seine Trümpfe,
endet nicht beim singen vom Lied der Schlümpfe.

Drum kann der Tag noch gutes bringen,
mag es auch manchmal nicht so klingen.
Bei manchen Fragen oder nur Blabla,
man spare sich schon mal das Kommentar.

Der Vizefreitag heute schon da,
eine Ende in Sicht, wie wunderbar.
Wer trägt ein Lächeln im Gesicht,
wird haben noch eine schöne Schicht!

In diesem Sinne - MOIN

Neue Woche – neues Chaos

Moin Moin

träumst du noch oder hast du bereits ein Ziel?
Das Leben ist mehr als nur ein Spiel.
Tag für Tag nur dahin zu treiben, manchmal dazu führt an der gleichen Stelle zu bleiben.

Wenn neue Besen kehren zu gut, entsteht nicht nur gutes und neues, sondern auch Zerstörungswut.
Alte Mauern eingerissen und von Ketten befreit, der Weg ist geebnet, das Neue steht bereit, ob es wirklich besser wird oder voran geht, man oft erst mit vergangener Zeit versteht.

Traurig, dass manches mal nur Chaos zurück bleibt, wenn gutes gewollt. man es mit Änderungen jedoch übertreibt.
So in die neue Woche wir gehen, manches kann, anderes muss man nicht verstehen.

Ist den etwa Montag heut...? hatte mich schon so auf Dienstag gefreut! Kaum das dieser Tag begann, fängt prompt ein neues Chaos an. Was sonst diese Woche noch so alles bringt? Eigentlich egal, wenn es uns mit Freude und Spaß gelingt auch bitteres zu wandeln in süß.

Daher zum Abschluss ich nur freudig Grüße und trotzdem es zu sagen wag: „Habt alle einen guten Tag!"

In diesem Sinne – Moin

Chaos pur und viele Sorgen

Moin Moin

kurz nach 8 am Montagmorgen,
Chaos pur und viele Sorgen,
doch so ist es nun einmal, auf geht's durch das Jammertal!

Hand in Hand auf verschlungenen und unbekannten Wegen gehen, auch mal was anderes als die vollen breiten Straßen sehn.
Wie ein Lachs auch mal schwimmen gegen den Strom oder doch lieber gemütlich sitzen auf des Kaisers Thron?

Wer in der Pandemie sein Geld in weißes Gold hat investiert,
ist mittlerweile ganz schön angeschmiert,
denn bitte bitte, bloß kein Schreck,
wenn Hakle Feucht [44] liegt jetzt im Dreck.
Und wird der Winter warm und mild,
ist am Ende ehh alles mal wieder halb so wild.

Schlussendlich man sich irgendwie schon manchmal fragt,
was passiert wenn unsere Politik versagt?
Von deutschem Boden sollt kein Krieg mehr ausgehen!
Warum soll die Bundeswehr dann in Europa an der ersten Stelle stehn?

Bei diesem ganzen hin und her,
fällt mir das Nachverfolgen langsam schwer.

---

44 Mit Hakle Feucht wurde 1977 das erste feuchte Toilettenpapier auf den Markt gebracht. Hier als Synonym für alle Hersteller genutzt

Am Ende in allen Themen hoffentlich die Vernunft siegt
und nicht uns oder sonst irgendwo alles um die Ohren fliegt.

Zu viele Gedanken, weit ab vom Arbeitstag,
drum ich jetzt ganz einfach nur noch sag,
"Vergesst die Umfrage nicht und genießt den Rest vom Tag!"

In diesem Sinne - ein spätes MOIN!

Gestern kein Reim

Moin Moin

ein ganzer Tag und keinen Reim?
Wie ist das passiert? Darf so was denn sein?

Mit Anfragen und Meetings überschwemmt,
zum reimen keine Zeit, da diese wie Sand durch die Finger rennt.

Wie eine Suppe, cremig weiß und dicht, der Nebel blockierte jedes Licht, auch wenn der Nebel über den Feldern liegt,
unsere gute Laune dadurch nicht verfliegt!

Line Control nicht tolerant, nimmt ständig alle an die Hand.
Sind dann alle Hände auf dem Deck, sind schnell alle Kunden weg. Was ist denn los? Wie kann das sein?
Warum kommen so viel Calls und Tickets rein?

Die Mitte der Woche und das Bergfest wir heute erreichen,
der Rest der Woche kann sich gerne schleichen.
Nicht verzagen, froher Mut zu guter Letzt wird alles gut!

Drum zum Ende ich noch freudig sag: „Habt alle einen schönen Tag!"

In diesem Sinne – MOIN

Grüße von Zuhause

Moin Moin

"Ihr dürft nach Hause gehn" mir einst die liebsten Worte waren, heute kann ich mir das gehen sparen.
Liebe Leute ich kann Euch sagen,
die Bettkanntenentscheidung hat heute voll zu geschlagen.
Moment, aber du bist doch hier? werdet ihr jetzt fragen -
Na ja, war ganz schön schwer am frühen Morgen das Bett zum PC zu tragen.

Mit einem Sack voll guter Laune wollte ich Euch beglücken,
hab ihn vergessen oder irgendwo liegen lassen,
drum bleibt mir nicht mehr als euch mit diesen Worten zu verzücken und den einen oder anderen Reim zu verfassen.

Der Tag wird schön und nicht zu heiß
oh Mann, oh Mann, was schreibt der da für nen sch...
schönen Satz über die besondere Beschaffenheit des Tages,
was eigentlich schon jeder weiß?

Ach was bin ich heut für'n Dichter, manchmal schlicht und oft noch schlichter. Trotz allem ich's auch euch nicht lassen mag und wünsch euch allen einen schönen Tag!

Die Leute auf den billigen Plätzen möchten bitte klatschen.
Jene Herrschaften auf den teuren Plätzen rasseln bitte mit den Juwelen.
John Lennon

In diesem Sinne – MOIN

Zwischen den Jahren

Moin Moin,

lasst uns froh und munter sein,
Weihnachtstage waren hoffentlich bei allen fein.
Mit Erfolg wurden diese hinter uns gebracht,
der Rest des Jahres wird jetzt weggelacht.

Schneeflocken,
fast nur eine Erinnerung aus der Vergangenheit.
das Jahr 2022 sich in diese in wenigen Tagen auch einreiht.
Die Tage daher fast gezählt,
hier was erreicht, da was verfehlt.
Das schlechte gerne wir vertreiben,
alles was gut war, darf gerne noch länger bleiben.

Auf das in diesem Jahr keine Stricke mehr reißen,
sonst müssten wir noch auf die Zähne beißen.
Die letzten Tage wir wohl auch noch überstehen,
mit Vorfreude (oder Panik?) aufs neue Jahr sehen.

Egal was in Zukunft da noch auf uns zu kommen mag,
Hauptsache heute ist ein guter Tag!

In diesem Sinne - MOIN

Gute Laune mitgebracht

Moin Moin,

der Morgen grüßt mit Sonnenschein,
da wir's ein guter Tag doch sein?
Schon kleine Dinge machen froh,
das war gestern und bleibt auch heute so.

Lasset uns den Tag freudig beginnen,
keine Angst ihr müsst nicht singen.
Alles ist gut und was nicht passt wird passent gemacht,
geht doch was schief, man am besten drüber lacht!

Liebe Kindlein gebet acht, hab euch gute Laune mitgebracht. Wer immer nur im trüben fischt, der sieht die leckeren Fische nicht. So kommt das eine zu dem anderen Wort, macht einen Reim - schon ist es fort.

Was immer auch der Tag noch bringen mag,
habt alle einen guten Tag!

Als wenn ich nichts besseres zu tun hätt,
mach auch heute wieder mal den Chat,
Krieg dann eh wieder kaum was anderes getan.
noch nicht mal in Ruhe Kaffee trinken kann.

In diesem Sinne, bis später dann, fang dann mal mit der Arbeit an!   MOIN!

Mal wieder Montag

Moin Moin,

Wochenende mal wieder zu schnell vorbei,
der Montag vielleicht mal ein Freudentag sei?
Wenn es das Wesen der Zeit, dass ein Moment jetzt entsteht,
dann kann es doch nur sein, dass es jetzt positiv weitergeht.

Aus Minuten werden Stunden, kleine Objekte das Licht umrunden. Stunden erwachsen zu einem Tag, hier und da, ein Missgeschick sich verbarg. Tage kumulieren zu einer Woche Anfang und Ende einer sinnfreien Epoche. Wochen bilden Konstrukte aus denen sich bilden Monate bis hin zum Jahr und Schwupdiwup es das für 2022 fast war!

Denk ich an Deutschland in der Nacht,
bin ich um den Schlaf gebracht,
wie es schon Heinrich Heine in seinen Nachgedanken uns vermacht!

In diesen Tagen, Kristall und Glas zersplittern,
Mensch und Tier vor Kälte zittern.
Irgendwann alles sich zum Besseren dreht,
je nachdem woher der Wind dann weht.
Vor lauter Support nicht früher diesen Reim beendet,
daher heute erst so spät gesendet.

Trotzdem bleibt heiter und froh, ist einfach besser so!

In diesem Sinne – MOIN

Dirty D will Gassi gehen

Moin Moin,

zum Beginn des Stückes die Glocken erklingen,
jetzt gibt es kein entrinnen,
dem Kenner ist es ein Begriff,
wartet schon auf's Gitarrenriff.

Begrüßt mit Jubel und Applaus,
Dirty D (der schmutzige Donnerstag) is in the house!
Hollst du die Witze aus dem Keller,
ist dirty D vermutlich schneller.

Mit Spaß und dreckigem Humor durch diesen Tag,
jeder so wie er es mag.
Was am meisten Freude macht,
egal was kommt und alles lacht!

Halt mich besser knapp und kurz,
Dirty D ist das ehh Wurst.
Um den Block rum Schritt für Schritt,
Dirty D kommt trotzdem mit.
Jetzt ist Schluss , müsst Ihr versteht,
Dirty D will Gassi gehen!

In diesem Sinne - einen schönen Donnerstag!
Moin

Das was Gestern galt...

Moin Moin,

Hurra Hurra eine neue Woche startet,
wie an jedem Montag nicht nur ein Kunde der uns erwartet.
Mit Elan und Schwung wir die Sache angehn,
den Wochenstart dann gut überstehn.

Was von dem das Gestern galt, darf heute noch weiter bestehen? Was gibt uns den wahren Halt, um auf sicheren Wegen in die Zukunft zu gehen? Wer hat das Passwort, den richtigen Code, der bringt diese Welt wieder in Lot.

Was wenn "Bomben for Future" alternative Aktionen vornimmt? Vor allem dann wenn die Welt sich nicht ganz schnell besinnt? Wie soll man alternative Wahrheiten noch erkennen, wenn schwer nur sie von Lügen zu trennen?
Was tun wenn alles sich miteinander vermischt und Gewissheit wie dünnes Glas zerbricht?

So viele dunkle Fragen gestellt und doch sich mein Gesicht erhellt, denn jeder neue Tag, ein neues Geschenk, wenn auch mal an die schönen Dinge ich denk.

Nur im Trüben zu fischen, verdirbt dir den Tag,
drum ich zum Ende ganz schnell noch sag:
„Alles ist gut, drum verliert nicht den Mut, ist der Tag mal nicht so schön, dann werdet Ihr sehn, auch dieser wird irgendwie rum gehen!" In diesem Sinne - MOIN

Tragen oder nicht tragen

Moin Moin,

liebe Leute lasst euch sagen,
ganz gemütlich wir zum Bergfest traben.
Gestern noch den MODI oder DIMO bezwungen,
heute wird schon mit ganz anderen Dingen gerungen.

Tragt Ihr sie noch? oder seid ihr konform?
Eigenverantwortung oder gesetzliche Norm?
Im April die geltende C19-Verordnung ehh ausgelaufen,
da muss man doch jetzt nicht mehr treten und raufen.

Auch wenn es jetzt schon keiner versteht, warum stehen an der Kasse ohne, aber Bus und Bahn nur mit geht.
So ist die Welt halt Kunterbunt, alles cool solange sie nicht geht vor den Hund.

Am Gipfel des Berges bereits angekommen,
huch wie ist die Zeit verronnen.
Lasst euch ärgern nicht zu viel, mit etwas Spaß kommt man leichter ans Ziel.

Ich winke noch schnell in die Runde, verbreite dabei frohe Kunde, denn natürlich auch heute ich noch sag:

„Wünsch euch einen nicht zu stürmischen Tag!"

In diesem Sinne - MOIN

Wenn neue Besen kehren

Moin Moin,

guten Morgen Supportchat! Heute keine Fragen mehr, oh das ist doch nett.
Vielleicht sollt man den Stecker ziehen?
Einfach um diesem Wahnsinn zu entfliehen?

Wenn neue Besen kehren, kann Staub sich nicht mehr wehren. Hinfort mit dem das gestern war, hier kommt der neue Superstar.

Was gestern noch gut, ist ab heute ein alter Hut,
vor dem Ergebnis mir irgendwie graut, vielleicht man besser doch nicht zu genau darauf schaut.

Zum Glück ist Freitag, drum noch mal mit Schwung und schon ist die Woche um. Den Monat nehmen wir dabei (fast) gleich noch mit und versetzen der Sommerzeit schnell einen Tritt.

Was immer auch noch kommen mag,
Ich wünsch euch einen guten Freitag!

In diesem Sinne - MOIN

April, April

Moin Moin,

wer hat gegrunzet am Morgen, der hat keine Sorgen!
Auch wenn heute der erste April ist, erzähle ich hier keinen Mist. Noch heute durch und Augen zu - Morgen haben wir unsere Ruh!
Wer heut noch schlechte Laune hat, der ist ne Raupe Nimmersatt, frisst allen Ärger in sich rein, die ganze Welt ist nur gemein.

Hey, mein Lieber, das muss nicht so sein!
Mit einem Lächeln in den Tag gestartet, ist es egal ob hundert oder nur ein Kunde wartet. An den Start mit frohem Mut und am Ende wird es gut. Ist die Woche fast geschafft und Freitag da, na das ist doch fast schon wunderbar.

Ich weiß, ich weiß so eine Woche ist hart und jeden Tag das gleiche am Start. Viel Klagen sicherlich befreit, doch auch schlechte Laune machts nicht gut, da platzen einem nur Kragen und Hut und am Ende bekommt man wo möglich noch Tollwut.

Drum sag ich es noch mal - fröhlich gegrunzt und ihr werdet seh die Sache funzt. Drum Ärger bleib zu Hause heut... jeder sich auf's Wochenend freut. Mir bleibt da nur noch das eine was ich immer sag: „Wünsch euch allen einen schönen Freitag... lasst euch nicht in den April schicken!"

In diesem Sinne, Moin!

Rumgerechnet

Moin Moin,

im Frühstau zum Bergfest wir ziehn,
lasst grüßen die Kunden und schnell fliehn.

Ich weiß nicht wie viele Sterne stehen,
doch ich freu mich sie zu sehen.
So wie ein Kind das tausend Fragen stellt,
geh mit großen und offenen Augen durch die Welt.

Wer kennt schon auf jede Antwort, die korrekte Frage?
Als Stichwort hierzu ich nur 42 sage, doch kann man sich dieser Tage noch ganz sicher sein, dass 1+1 ergeben 2?
Vielleicht sind's ja auch 2,5 der gar 3?
So mit Inflation, Corona- oder Kriegszuschlag dabei?

Manchmal ein kleiner Stein der den Berg hinab rollt, sich als tosende Lawine durch 's Tal tollt und wer stets mit dem Strom schwimmt, kommt irgendwann ins Meer, doch sollt sich besser nicht wundern, wo kommen denn all die Raubfische her?

Und kommt dann doch einmal der Tag, an dem angeblich nichts mehr geht, glaub ich daran, die Welt sich trotzdem weiter dreht!
Drum bleibt offen, fröhlich und hoffentlich wach,
vielleicht wird's am Ende doch ein ganz netter Tach!

In diesem Sinne – Moin!

Der erste Baum schon brennt

Moin Moin,

wir sagen euch an den 1. Advent,
sehet der erste Baum schon brennt.
So schön dieses Feuer und wärmend die Glut,
legt auch den Rest drauf dann wird alles gut!

So starten wir mal wieder in den Montagmorgen,
hören uns an, allen Kummer und Sorgen.
Von einem zum andern, wir so fleißig wandern.
Die Weihnachtszeit hat begonnen, das Jahr fast verronnen.

Die Tage sind kürzer, der (Arbeits-) Tag dafür zu lang,
schon mancher Dichter hierzu mit den Worten rang.
Drum geh ich ganz schnell zu was anderem über,
vielleicht irgendwann schau ich doch noch mal drüber.

Lebkuchen und Kaffee verschönern den Tag,
wünsche Freude und Lachen, einfach nur weil ich euch mag.

In diesem Sinne – MOIN

Der erste Dirty D im neuen Jahr

Moin Moin,

das Licht sich leicht dimmt
und der Vorhang sich hebt
tosender Applaus,
so das die Erde leicht bebt.

Von manchen verächtlich als Vize benannt,
nimmt auch dieses Jahr,
das Ruder des Wahnsinns er in seine Hand!

Von Fanfaren und tosenden Trommeln begleitet,
er langsam und würdevoll uns die Bühne bereitet.
war's gestern verpönt, wird's heute gemacht,
er ist der EINE, der mit Sicherheit drüber lacht!
Politische Korrektheit ? nicht mal für einen Heller!
Ist der Witz auch geholt aus dem tiefsten Keller.

Trotz allem ein jeder,
wie immer Service mit Sternchen verrichtet,
das sind wir unserem guten Ruf verpflichtet.
Doch neben der Arbeit, wirds nicht so ernst genommen,
auf das alle ausreichend zum Lachen kommen.

Wer ist heute ganz herzlich zu begrüßen?
Wer kriegt die Sauren und wer die Süßen?
Für den der es bisher nicht erahnen mag,

JA, auch heute ist wieder Dirty-Donnerstag!

So ich dann jetzt mal schnell in den Keller geh,
mal schaun was in der Witzkiste ich alles so seh.

Euch wünsch ich noch einen tollen und freudigen Tag,
dass ich zum Abschluss noch sag!

In diesem Sinne – MOIN

Alles auf Anfang und zwar sofort

Moin Moin,

alles auf Anfang und zwar sofort, hey, stopp mal!
stell den frischen Kaffee nicht so weit fort!
Nach tropischen Nächten die schlaflos verbracht,
hat das Wetter eine 180 Grad Wendung gemacht.

Wer jetzt noch im T-Shirt will spazieren gehen,
kann kleine Eisblöcke an seiner Nase sehn.
Zieht euch ne dicke Jacke an,
das bisschen kalt euch dann nichts kann.

Am Montagmorgen alles auf bereit, wenn Line Control den Bildschirm teilt.
Sind die Zahlen dann auf rot?
Kundenservice ist in Not!
Ran ans Werk, bis alles auf Grün springt, so das hoffentlich für heute kein "All Hands on Deck" mehr erklingt.

Was veränderte die Welt so schnell wie nie?
Pandemie

Was machte eine abweichende Meinung zur Blasphemie?
Pandemie

Wenn aus Dummheit wird auch schon mal eine Strategie?
Pandemie

Was gestern noch galt, ist heute Phantasie?
Pandemie

Zwang selbst Diktatoren und Psychopathen in die Knie?
Pandemie

Im Sommer ein Löffelchen Zucker,
im Winter Lockdown als Gesundheitstherapie
Pandemie

Was alles durch dich zerstört wurde,
so mancher wird verstehen nie!
Verpiss dich Pandemie!!

Der Tag, die Woche neu und alles gut, drum nehme ich jetzt meinen Hut, aber nicht ohne dass ich jetzt noch sag:
„Habt alle einen tollen Tag!"

In diesem Sinne – MOIN

No more time to waste and you know just what to do
leaving the old and picking up the new
and there is nothing to replace cause it's all inside of you

Gentleman (Changes, 2011)

Guten Morgen Sonnenschein!

Moin Moin,

Guten Morgen Sonnenschein! Mach uns froh und komm herein! Sonnenschein? Sonne?... Hallo?
Der Sonnenschein lässt uns allein, doch ihr müsst nicht traurig sein.

Montag hinter uns gebracht, leider nicht so viel gelacht, doch das ist Geschichte jetzt, nun für den Dienstag schnell die Messer wetzt. Neuer Tag und neues Glück., schaut nach vorne - nicht zurück!

Für schlechte Laune haben wir keine Zeit - zu viel zu tun! Tut mir leid!
Wenn etwas auf den Geist dir geht, als böser Schatten neben dir steht; mit einem Lächeln scheuch es weg, alles andere hat kein Zweck.

Genug genervt am frühen Morgen, frisch an den Start, ganz ohne Sorgen! Alles könnt noch schlimmer sein, Montag wie immer hart und sehr gemein. Der Dienstag wird toll so hoffe ich... lässt die Glaskugel mich nicht im stich.

Am Ende ich auch heut es wag und wünsch Euch einen "schönen Tag".

In diesem Sinne – Moin

Comicdonnerstag

Moin Moin!

Ach die Welt könnt sein so nett, ohne diesen Support-Chat.
Zum Glück ist die Woche ja fast rum, kommt uns heuet auch der Donnerstag recht krumm, lässt es Freitag noch nicht sein - wie gemein!

Geht's euch gut und alle froh? Na dann macht fleißig weiter so!
Bin müde und hab keine Lust, daher mal schnell reimen, sonst schieb ich Frust.

Asterix und Obelix ganz unverhohlen,
taten gern Römer versohlen.
Idefix auch zugebissen,
oh man der Reim ist echt besch...eiden!

Der schlaue Micky alles kann und weiß,
dem armen Donald dafür passiert nur Sch... eußliches!

Wenn Superman mit Wonder Woman grillt,
Batman mit Catwoman chillt,
na dann ist ja alles halb so wild!

Drum genießt den Rest von diesem Tag und ich nur noch wie immer sag, das ich euch trotzdem alle mag!

In diesem Sinne - MOIN

Piloten ist nix verboten

Moin Moin,

im Center wurde ein Fossil gefunden, behauptet es würde von allen nur geschunden. Wiederum ein andrer hat zu viel Zeit, weil er fliegt auf (auto) Pilot, also wirklich Leute, tut dass den alles Not?

Wer nicht den rechten Spaß versteht, am beten gleich wieder nach Haue geht. Ach so'n Mist da bin ich ja ehh...
hmm vermutlich weil ich keine Spaß versteh?

Das Bergfest wieder mal fast erreicht, da wird das Arbeiten doch ganz leicht.
Fehler hier und Fehler da, im Ticketsalat gibt es viel trara
Mach du, ich will nicht - oh Nein meine Zeit!
Warum nicht mal an die eigene Nase fassen und danach mal schauen was wirklich bleibt?

Fehler sind für andere da, bei mir ist immer alles wunderbar. Den Piloten, ist nix verboten? Was da vielleicht funktioniert, wird irgendwann überall ausprobiert und wenn Ihr Ticket stellen wollt, Recherchieren ihr schon sollt!

So wieder mal genug geschwafelt, jetzt wird erst einmal getafelt. "Wünsche noch nen schönen Tag", so in meinem jugendlichen Leichtsinn mal sag!

In diesem Sinne - MOIN

Geburtstag einer Tradition

Moin Moin,

Kinder wie die Zeit vergeht
nicht nur weil Weihnachten bald vor der Türe steht.

Es wart das Jahr 2021 und der November,
als dieser morgentliche Tand, täglich seinen Weg zu euch fand!
1 Jahr ist rum man glaubt es kaum, vermutlich grade alles nur ein Traum. Mit 2-3 Zeilen ging das ganze Drama los, mal war es Ok und mal famos! [45]

Ein mancher täglich schon drauf wartet,
vielleicht besser so in seinen Tag dann startet?
Manchmal früh und manchmal spät,
ihr ein neues "Moin Moin" seht.

Manchmal kurz und manchmal lang,
oft war's lustig, aber auch schon mal bang
Danke für 1 Jahr zusammen leiden und genießen,
auf das mehr und mehr Ideen und Worte fließen.

Ist das erste mal geschafft, freudig man ins nächste lacht.
Drum wie immer ich ganz schnell noch sag, habt alle einen schönen Geburtstag! Ahmm ich meinte Dienstag!

In diesem Sinne – MOIN

---

[45] bei famos ist schon interessant, was da als "veraltete Bedeutung" raus kommt

Weihnachtszeit vor der Tür

Moin Moin,

liebe Leute seid bereit, hier ist sie, die Weihnachtszeit!
Mit viel Liebe, Besinnlichkeit und noch viel anderen Dingen,
alles Sachen die viel öfter könnten wohl klingen.

Ist dieser Tage auch das Wetter grau,
trotzdem ist Weihnacht - keine Horrorschau.
Wobei sich letzteres schon mal ergibt,
wenn man Nachrichten, hört, liest oder sieht.

Das Fest der Liebe und des Friedens feiern wir,
im fernen Osten brüllt ein kleiner Ochse,
als sei er ein großer Stier.
Doch auch hier zu Lande... Obacht und vorsichtig sein,
sonst legen dich Reichbürger oder festklebende Aktivisten rein. Ihr Kinderlein der Umweltrettergeneration, spielt Ihr mit Kartoffelbrei oder klebt ihr schon?

So könnte ich noch lange weiter machen, singen, springen, freudig lachen.

Ich bremse auch für AfD, tut einem als Spruch zunächst einmal nicht weh, doch kann ich wirklich dem Drange widerstehn, jetzt erst recht auf's Gas zu gehn?

So vieles andere bliebe noch zu sagen,
doch wie soll das die Weihnachtstimmung tragen?

Daher zum Ende ich noch kommen will, danach bin ich auch erst mal still.

Genießt die Zeit, wie's euch begehrt,
am Ende des Tages ist es ein gutes Schlückchen wert!

In diesem Sinne - schöne Feiertage!

Ach ja und MOIN!

Wichtige Nachrichten

Moin Moin,

Herzlich willkommen
zu diesem wunderschönen Mittwochmorgen.

Hier ist die heutige Wetterprognose:
Auch am heutigen Morgen wird ein eher stürmisches klingeln in der Leitung erwartet - bitte gehen sie vorsichtig ran und erschrecken sie den Störenfried damit, dass sie sein Anliegen sogar lösen können.

Im weiteren Verlauf der Woche wird mit einer leichten Beruhigung gerechnet, da sich das Sturmtief in andere Bereiche zu verziehen scheint;
allerdings konnte die Prognose nicht geprüft werden, da der Taschenrechner mit Batterien betrieben wurde und übereifrige Aktivisten der Next Generation ihn daher ins Recycling gegeben haben und alle Vorhersageexperten noch mit dem Abakus üben müssen, zu dessen Nutzung es leider weder Einweisung noch Schulung oder Betriebsanleitung gab, daher könnte sich die Ausgabe genauer Prognosen leicht verzögern, werden wir Ihnen jedoch zeitnah übermitteln.

Bitte rechnen sie nicht mit einer Email oder einem Brief, da wir im Sinne des Umweltschutzes dabei sind unser Nachrichtensystem auf Lichtsignale und Trommeln umzustellen, da dass mit den Brieftauben leider nicht so geklappt hat, wie es angedacht war, da diese sich statt zurück zu kommen doch lieber in der Altstadt zum Krümel picken getroffen haben.

Irgendwas ist heute komisch, irgendwie war das kein Reim?
Keine Sorge alles fein, auch ohne Reim kannst lustig sein!

So wollen wir den Tag fröhlich beginnen, bitte nicht tanzen oder singen. Die Zeit wird ganz schnell rum gehn und wir uns auf der Weihnachtsfeier sehn.

Mach langes Wochenende, hab auch mal was anderes zu tun, aber wer weiß, vielleicht werde ich mich auch einfach nur ausruhn.

Habt noch viel Spaß und macht es gut,
so schwenke ich freudig meinen Hut!

In diesem Sinne – MOIN :)